中国广核集团：使命引领、透明驱动型社会责任管理

《中国广核集团：使命引领、透明驱动型社会责任管理》编写组　编著

企业管理出版社

图书在版编目（CIP）数据

中国广核集团：使命引领、透明驱动型社会责任管理／《中国广核集团：使命引领、透明驱动型社会责任管理》编写组编著. ——北京：企业管理出版社，2023.1
ISBN 978－7－5164－2706－4

Ⅰ.①中… Ⅱ.①中… Ⅲ.①核能工业－企业集团－企业责任－社会责任－研究－中国 Ⅳ.①F426.23

中国版本图书馆 CIP 数据核字（2022）第 165181 号

书　　名：	中国广核集团：使命引领、透明驱动型社会责任管理
书　　号：	ISBN 978－7－5164－2706－4
作　　者：	《中国广核集团：使命引领、透明驱动型社会责任管理》编写组
责任编辑：	徐金凤　　田　天
出版发行：	企业管理出版社
经　　销：	新华书店
地　　址：	北京市海淀区紫竹院南路 17 号　　邮　　编：100048
网　　址：	http://www.emph.cn　　电子信箱：emph001@163.com
电　　话：	编辑部（010）68701638　　发行部（010）68701816
印　　刷：	河北宝昌佳彩印刷有限公司
版　　次：	2023 年 1 月第 1 版
印　　次：	2023 年 1 月第 1 次印刷
开　　本：	710mm×1000mm　　1/16
印　　张：	10.5 印张
字　　数：	136 千字
定　　价：	59.00 元

版权所有 翻印必究·印装有误 负责调换

总　序（一）

感谢读者朋友们对中央企业社会责任管理工作、对中央企业社会责任管理之道丛书的关注与支持！

企业在自身发展的同时，应该当好"企业公民"，饮水思源，回报社会，这是企业不可推卸的社会责任，也是构建和谐社会的重要内容。大量事实证明，只有富有爱心的财富才是真正有意义的财富，只有积极承担社会责任的企业才是最有竞争力和生命力的企业。重经济效益、轻社会效益的企业，只顾赚取利润、不顾安全生产的企业，终究难以持续。这一重要论述充分阐明了履行社会责任对企业可持续发展的重要意义。

国有企业是中国特色社会主义的重要物质基础和政治基础，是党执政兴国的重要支柱和依靠力量。中央企业大多处在关系国家安全和国民经济命脉的重要行业和关键领域，在我国经济社会发展中发挥着不可替代的重要作用，履行社会责任可谓中央企业的"天职"。经过多年改革发展，中央企业的规模不断扩大、活力不断增强、创造力不断提升，在履行社会责任方面更应走在前列、做出表率。

多年来，一大批中央企业大力开展社会责任工作，不仅做到了实践上有亮点、理论上有创新，同时，还实现了形象上有升级、管理上有提升，形成了丰富多彩、成效显著的企业社会责任管理推进路径和做法，

中国广核集团：使命引领、透明驱动型社会责任管理

具备总结形成管理模式的条件。中央企业通过践行社会责任，走上与社会共同可持续发展之路，为我国全面建成小康社会和联合国2030可持续发展目标做出积极贡献；也通过对企业社会责任管理的不断探索，在丰富全球企业管理理论方面做出了自己的独特贡献。

我们出版这套中央企业社会责任管理之道丛书，希望通过适时总结、分享中央企业的社会责任管理推进模式，起到以下几个方面的作用：一是通过系统总结分析，进一步推动中央企业提升社会责任管理工作；二是支持中央企业成为全球履行社会责任的典范，服务于建设"具有全球竞争力的世界一流企业"；三是为中央企业参与全球市场竞争奠定基础，成为高质量共建"一带一路"的表率；四是为其他企业开展社会责任管理工作提供有益借鉴，为全球可持续发展贡献来自中国企业的最佳实践经验。

2020年，丛书选取国家电网、中国建筑、华润集团等中央企业为代表，总结了这些企业各具特色的社会责任推进模式，出版了《国家电网：双向驱动、示范引领型社会责任管理》《中国建筑：品牌引领型社会责任管理》《华润集团：使命驱动型社会责任管理》。

2021年，丛书选取中国核电、国家能源集团、中国三峡集团为代表，出版了《中国核电：公众沟通驱动型社会责任管理》《国家能源集团：可持续驱动型社会责任管理》《中国三峡集团：初心引领型社会责任管理》。

2022年，丛书选取中国石油、国投集团、中交集团、中国广核集团为代表，出版了《中国石油：价值引领型社会责任管理》《国投集团：责任投资驱动型社会责任管理》《中交集团：愿景驱动型社会责任管理》《中国广核集团：使命引领、透明驱动型社会责任管理》。

我们期待丛书的发布能够搭建中央企业社会责任管理交流的新平台，推动中央企业社会责任管理迈上新台阶，助力中央企业立足新发

总　序（一）

展阶段、贯彻新发展理念、构建新发展格局，通过全面、系统、科学履行社会责任，加快实现高质量发展！

中央企业社会责任管理之道丛书编委会
2022 年 9 月

总　序（二）

企业社会责任已成为新一轮经济全球化的重要特征。自20世纪初以来，全球企业社会责任的发展经历了20世纪70年代之前企业社会责任概念产生阶段，20世纪70年代后至20世纪末的企业社会责任欧美共识阶段，21世纪初至今，企业社会责任进入全球共识阶段。

2000年以来，企业社会责任在中国发展迅速。中国企业社会责任的发展由概念辩论走向基本共识，进而发展到企业社会责任管理阶段，与全球企业社会责任管理实现了快速同步。

2000—2005年是现代企业社会责任概念的辩论阶段，社会各界对企业履行社会责任问题还处在概念辩论的时期。2006—2011年是中国企业社会责任基本共识阶段。在这个阶段，中国全过程参与社会责任国际标准ISO 26000的制定，并最终对ISO 26000投了赞成票。这个赞成票是在参与制定ISO 26000的六个利益相关方群体意见基础上最终决定的，也是中国企业社会责任发展的利益相关方第一次全面达成共识。2012年以来，中国企业社会责任管理实践蓬勃发展。

2006年和2012年是中国企业社会责任发展的两个重要里程碑。2006年可称为中国企业社会责任元年，其重要标志是新修订的《中华人民共和国公司法》明确提出公司要承担社会责任。国家电网公司首份社会责任报告得到了中央领导的批示和肯定。2012年可称为中国企业社

中国广核集团：使命引领、透明驱动型社会责任管理

会责任管理元年，其重要标志是国务院国有资产监督管理委员会（以下简称国务院国资委）将社会责任管理列为中央企业管理水平提升的13项重点措施之一，企业社会责任管理成为提升中央企业管理水平的重要内容。自此，中国企业社会责任进入社会责任管理发展的新阶段，众多中央企业开始了丰富多彩的企业社会责任管理探索和实践，打开了各类企业从履行社会责任到系统开展社会责任管理的新篇章。

企业社会责任管理

一般来说，企业社会责任管理是指企业有目标、有计划、有执行、有评估、有改进地系统性开展社会责任实践的活动；具体地说，是企业有效管理其决策和活动所带来的经济、环境和社会影响，提升责任竞争力，最大化地为利益相关方创造经济、环境和社会综合价值作贡献，推动社会可持续发展的过程。企业社会责任管理包括社会责任理念管理、生产运营过程的社会责任管理及职能部门的社会责任管理。企业社会责任作为一种发展中的新型管理思想和方法，正在重塑未来的企业管理，具体体现在重塑企业管理理念、管理目标、管理对象和管理方法等方面。

重塑企业管理理念。企业将由原来的股东（投资人）所有的公司转向由股东和其他企业利益相关方共同所有的公司；企业将由原来的盈利最大化或者股东利益最大化转向追求兼顾包括股东在内的利益和诉求的平衡，追求经济、环境和社会综合价值的最大化和最优化，实现企业可持续经营与社会可持续发展的多赢和共赢。

重塑企业管理目标。企业责任竞争力将会成为企业未来的核心竞争力。企业责任竞争力就是企业在运用自身专业优势解决社会和环境可持续发展所面临的挑战和问题的同时，还能取得良好的经济效益，其根本

目标是服务企业、社会和环境的共同可持续发展，其本质是企业的决策和活动做到公平与效率的有机统一。

重塑企业管理对象。企业的管理对象由原来的集中于企业价值链对象的管理扩展到更广泛的利益相关方关系管理。特别重要的是将企业社会责任理念融入其中，从而形成企业各利益相关方的和谐发展关系，取得各利益相关方更大范围的认知、更深程度的认同和更有力度的支持。

重塑企业管理方法。在企业治理理念上，要创造更多的形式，让更多的利益相关方参与公司的重大决策，包括企业管理目标的制订。在生产运营各环节上，更加重视发挥更多利益相关方的作用，使他们能以各种方式参与到企业生产运营的各个环节中来，包括企业的研发、供应、生产、销售及售后服务等，使每个环节都最大限度地减少对社会、经济和环境的负面影响，最大限度地发挥正面效应。特别是通过不断加强与利益相关方的沟通及对其关系的管理，企业能够更加敏锐地发现市场需求，能够更加有效地开拓无人竞争的、全新的市场空间，把握商机。

中央企业社会责任管理推进成就

中央企业是我国国民经济的重要支柱，是国有经济发挥主导作用的骨干力量，履行社会责任是中央企业与生俱来的使命，全社会对中央企业履行社会责任有着更高的要求与期待。

国务院国资委高度重视中央企业社会责任工作，从政策指导、管理提升、加强沟通等方面全面推动中央企业履行社会责任。在国务院国资委的指导下，一批深耕企业社会责任管理的中央企业不仅做到了在理论上有创新，在实践上有亮点，而且实现了管理上有升级、竞争力上有提升，推动企业社会责任管理发展进入新的境界。观察和研究发现，中国的一批一流企业通过探索社会责任管理推进企业可持续发展的新路径，

中国广核集团：使命引领、透明驱动型社会责任管理

形成了丰富多彩、成效显著的企业社会责任管理推进模式。

2022年，位列《财富》世界500强第三位的国家电网有限公司，经过十余年的持续探索，走出了一条双向驱动、示范引领的全面社会责任管理推进之道，全面社会责任管理的综合价值创造效应正在公司各个层面逐步显现。全球最大的投资建设企业——中国建筑集团有限公司走出了一条品牌引领型的社会责任管理推进之道，从开展社会责任品牌及理念管理出发，以社会责任理念重新定义企业使命，细化社会责任管理指标，通过将职能部门管理落实到企业生产运营过程中，形成了社会责任管理的完整循环。作为与大众生活息息相关的多元化企业，华润集团走出了一条以使命为驱动的履责之路，将使命作为社会责任工作的试金石，塑造责任文化，开展责任管理，推动责任践行，实现承担历史使命、履行社会责任和推动企业可持续发展的有机统一。

中国核电以响应时代变革与利益相关方多元化诉求为驱动，形成了公众沟通驱动型社会责任管理。通过公众沟通找准公司社会责任管理的出发点和着力点，在推进社会责任管理提升的同时，对内培育富有激励、富有特色、积极向上的企业文化，对外提升中国核电的品牌影响力、感召力和美誉度，形成了"责任、品牌、文化"三位一体推进社会责任的管理之道。国家能源集团在原国电集团以"责任文化推动"、大规模发展新能源为主题和原神华集团"战略化组织化推动"、以化石能源清洁化和规模化发展为主题的履责特征的基础上，探索形成了可持续驱动的社会责任管理推进模式。其具体方式是以可持续方式保障可持续能源供应为目标，以"高层表率、再组织化、责任文化推动"为特征，以"化石能源清洁化，清洁能源规模化"为核心履责主题。中国三峡集团秉承建设三峡工程、护佑长江安澜的初衷，在实践发展中凝聚成"为国担当、为民造福"的责任初心，并以此为引领形成了初心引领型社会责任管理推进模式。其具体内涵是以责任初心为根本遵循，形成了由"战

略定力""多方参与""机制保障""透明沟通"构建的四位一体推进路径,致力于创造利益相关方综合价值最大化。

中国石油在"绿色发展、奉献能源,为客户成长增动力,为人民幸福赋新能"的价值追求引领下,在长期的社会责任管理实践过程中,形成了独具特色的价值引领型社会责任管理模式。公司识别出与自身发展紧密相关、利益相关方重点关注的八大责任领域,通过"理念引领、责任驱动、管理融入、影响评估"的系统管理流程,推动社会责任理念和要求融入战略、管理和生产经营,指引全体员工在工作岗位中自觉践行社会责任要求,实现了从理念、管理、行动到绩效的良性社会责任工作循环,持续创造了更高的经济、环境和社会综合价值。

国家开发投资集团(简称国投集团)坚持以"投资创造更美好的未来"为使命,以"成为世界一流资本投资公司"为愿景,致力于成为"产业投资的引领者、美好生活的创造者、持续回报的投资者",坚守"战略投资、价值投资、责任投资"理念,将ESG(环境、社会和企业治理)理念全面融入投前决策、投中监控、投后管理的投资管理全流程中,以责任投资实现价值增长,形成了责任投资驱动型社会责任管理模式,拥抱可持续发展。

中交集团始终怀揣"让世界更畅通、让城市更宜居、让生活更美好"(以下简称"三让")的企业愿景,将社会责任全面融入战略、管理和运营,逐渐形成了具有鲜明特色的愿景驱动型社会责任管理模式。其内涵在于以"三让"愿景为核心驱动力,在全集团范围内凝聚合力,形成由"精准引领""系统管理""全面实践""立体传播"构成的社会责任管理推进路径,推动中交集团持续创造经济、社会和环境综合价值。

中国广核集团(以下简称中广核)始终坚持完整、准确、全面贯彻新发展理念,坚守"发展清洁能源,造福人类社会"的企业使命,

中国广核集团：使命引领、透明驱动型社会责任管理

深入开展责任沟通，深耕核安全、经济、社区、环境四大责任领域，形成具有中广核特色的使命引领、透明驱动型社会责任管理模式，也称为NICER社会责任管理模式。由内向外的使命引领和由外向内的透明驱动机制，促使中广核善用自然的能量的社会责任实践更实、更精、更深，助其成为世界一流企业履行社会责任的典范，也为全球可持续发展贡献中广核力量。

我们欣喜地看到这些中国一流企业正在通过社会责任管理书写企业管理创新的历史，中国企业社会责任管理正在中央企业的带动下，登上世界企业管理的舞台。

中国企业管理发展的历史机遇

企业社会责任是经济社会发展到一定历史阶段的产物，是经济全球化和人类可持续发展对企业提出的更多、更高和更新的要求，也是人类对企业的新期待。社会责任管理是全球先锋企业在这一领域的新探索和新进展。社会责任管理对全球企业来讲都是一个新课题。如果说改革开放以来，中国企业一直处于向西方企业不断学习企业经营管理理念和经验的阶段，那么，社会责任的发展为中国企业提供了在同一起跑线上发展新型经营管理之道的难得机会。中国企业如果能创新运用社会责任管理理念和方法，率先重塑企业管理，将有望在全球市场竞争中赢得责任竞争优势，在为全球企业管理贡献中国企业管理经验的同时，引领新一轮更加负责任的、更加可持续的经济全球化。

本套丛书将首先面向中国社会责任先锋企业群体——中央企业，系统总结中央企业将社会责任理念和方法系统导入企业生产运营全过程的典型经验。其次，持续跟踪研究中国各类企业的社会责任管理实践，适时推介企业社会责任管理在中国各类企业的新实践、新模式和新经验。

总　序（二）

最后，借助新媒体和更有效的传播方式，使这些具有典型意义的企业社会责任管理思想和经验总结走出企业、走向行业、走向上下游、走向海内外，成为全球企业管理和可持续发展的中国方案样本。

本套丛书着眼于国内外、企业内外传播社会责任管理方面的做法和实践，主要有以下几个目标：面向世界传播，为世界可持续发展贡献中国企业智慧；面向中国传播，为中国企业推进社会责任管理提供样本；面向企业传播，为样本企业升级社会责任管理总结经验。

中国企业以什么样的精神状态拥抱新时代？坚定地推进企业社会责任管理，依然是一流中国企业彰显时代担当的最有力的回答。企业社会责任只有进行时，没有完成时，一流的中国企业要有担当时代责任的勇气、创新进取的决心，勇做时代的弄潮儿，不断在企业社会责任和可持续发展道路上取得新突破。这是世界可持续发展的趋势所向，也是中国企业走向世界、实现可持续发展的必由之路。

只有积极承担社会责任的企业才是最有竞争力和生命力的企业。创新社会责任管理将是企业积极承担社会责任的有效路径，是实现责任竞争力和长久生命力的新法门，希望这套中央企业社会责任管理之道丛书能为企业发展贡献绵薄之力。

企业社会责任管理无论是在理论上还是在实践上，都是一个新生事物，本丛书的编写无论是理论水平还是实践把握，无疑都存在一定的局限性，不足之处在所难免，希望读者不吝提出改进意见。

丛书总编辑
2022 年 9 月

序

能源安全关系到国家经济社会发展的全局性、战略性问题，对国家繁荣发展、人民生活改善、社会长治久安都至关重要。核能作为高效、清洁、稳定的能源，是优化我国能源结构、保障能源安全和实现"双碳"目标的重要选择，核电在国民经济和社会发展中显现出越来越大的潜力。

从1979年筹建大亚湾核电站[①]开始，中国广核集团（以下简称中广核）伴随我国改革开放和核电事业发展逐步壮大，业务覆盖核能、核燃料、新能源、非动力核技术、数字化、科技型环保、产业金融等领域，已经成为我国最大、全球第三的核电企业，以及全球领先的清洁能源供应商与服务商。截至2022年6月底，中广核控股在运清洁电力装机容量超过7000万千瓦，其中核电2939万千瓦，新能源超过4141万千瓦。

21世纪以来，社会责任作为一种社会思潮和运动席卷全球，对我国经济社会发展产生重要的影响。2008年，国务院国资委印发《关于中央企业履行社会责任的指导意见》，将履行社会责任作为中央企业实

---

① 本书大亚湾核电站是指发电站，大亚湾核电是指该核电运营公司，大亚湾核电基地还包括生活区，余同。

中国广核集团：使命引领、透明驱动型社会责任管理

现高质量发展的重要领域。2012年，国务院国资委明确将社会责任管理作为中央企业13个专项管理提升的重点工作。2022年，国务院国资委成立社会责任局，抓好中央企业"双碳"、安全环保及践行ESG（环境、社会和企业治理）理念等重点工作。一批中国一流企业，积极思考如何将社会责任理念进一步落地，探索加强社会责任管理，实现企业可持续发展的路径。中广核就是这批探索推进社会责任管理的先行示范者之一。

在中广核起步、成长、发展壮大的40余年中，一批又一批中广核人始终忠诚于国家的伟大事业，肩负历史所赋予的使命，将履行社会责任视为企业发展的基因，完整、准确、全面贯彻新发展理念，以"发展清洁能源，造福人类社会"为企业使命，推动社会责任内化于心、外化于行，坚定不移地朝着公众信赖、更具责任，技术领先、更具实力，持续发展、更具价值的"具有全球竞争力的国际一流清洁能源企业"的愿景砥砺奋进。

随着核电迈入快速和规模化发展的新阶段，公众参与社会公共事务管理的意识日渐增强，核电发展面临着公众考验的"新常态"，尤其是日本福岛核事故之后，核电项目和企业面临更大的舆论和公众压力。因此，中广核也将责任沟通视为推进社会责任管理的指南针，积极回应来自社会需求、环保目标等多元诉求，努力赢得公众的认同与信赖，提升中广核"名片"的知名度、满意度、认同度，争创"品牌卓著"的世界一流企业。

在承担历史使命、履行社会责任、深化责任沟通的过程中，中广核逐步走出了一条使命引领、透明驱动的履责之路。通过由内向外的使命引领和由外向内的透明驱动，中广核在强化社会责任文化、战略、组织、管理保障的基础上，积极推动保障核安全（Nuclear Security）、扩大影响力（Influence Expansion）、参与社区发展（Community Engagement)、坚持环境可持续（Environmental Sustainability）等社会责任实践更精、更实、更深，并持续加强与社会各界的责任沟通（Responsibility Communication），履责步伐愈发稳健、体系更趋成熟、成效日益显著。中广核使命引领、透明驱动型社会责任管理模式也称为 NICER 模式，与中广核"善用自然的能量"的品牌理念高度契合，表明中广核持续追求更善，努力实现"具有全球竞争力的国际一流清洁能源企业"的美好愿景。

立足当下，我们总结中广核的社会责任工作，旨在通过重温中广核社会责任的初心与使命，为当下确定坐标，为未来找准方向，从而获得携手各方共同前行的力量与智慧。为了帮助大家更好地理解中广核的社会责任管理，我们组织编写了《中国广核集团：使命引领、透明驱动型社会责任管理》一书，希望借此书剖析中广核社会责任管理的模式、路径和成效，为中广核持续推进社会责任事业、打造履责典范提供行动指南。

面向新时代，面向未来，中广核站在历史新起点上，将积极贯彻新发展理念，延续社会责任管理之道，坚持"发展清洁能源，造福人类社会"的初心使命和透明沟通的决心，以更务实的行动实现更高质量、更有效率、更加公平、更可持续、更为安全的发展，争当世界一流企业履行社会责任的典范，打造世界一流清洁能源企业的卓著品牌，为保障中国能源安全、建设美丽中国贡献力量，也为全球可持续发展目标的实现贡献智慧。

目 录

第一章 责任之源，自觉投身核电强国建设征程 ························· 1
 第一节 服务国家战略，匠心铸就"国之重器" ························· 3
 第二节 坚守企业使命，引领社会责任更精更深 ······················· 8
 第三节 深化核安全认知，打造社会责任品牌 ························· 17

第二章 责任之纲，打造 NICER 社会责任管理模式 ····················· 25
 第一节 模式构成 ··· 27
 第二节 模式内涵解读 ··· 31

第三章 责任之行，始终贯穿企业发展成长全过程 ····················· 41
 第一节 坚守核安全初心，压实安全责任 ································· 43
 第二节 贯彻高质量发展理念，扛起经济责任 ························· 57
 第三节 秉承造福人类社会使命，践行社区责任 ····················· 66
 第四节 坚持绿色低碳发展道路，恪守环境责任 ····················· 79
 第五节 强化透明沟通品牌特色，塑造卓著形象 ····················· 93
 第六节 深化"四个融入"机制举措，夯实责任管理 ············· 100

第四章 责任之成，建设世界一流清洁能源企业 ···················· 105
第一节 迈入全球领先行列 ······················ 107
第二节 创造领先综合价值 ······················ 112
第三节 形成领先品牌文化 ······················ 118

第五章 责任之愿，推动企业创新发展行稳致远 ················ 123
第一节 更系统，完善责任管理 ····················· 125
第二节 更深入，深化责任实践 ····················· 128
第三节 更透明，创新责任沟通 ····················· 132
第四节 更卓著，树立责任典范 ····················· 134

附录 中广核社会责任掠影（1985—2022） ·················· 137

第一章

责任之源,
自觉投身核电强国建设征程

第一章 责任之源,自觉投身核电强国建设征程

在中国广核集团(以下简称中广核)发展的40余年中,一代代中广核人用智慧、勇气和汗水,为社会责任事业做出了积极贡献。中广核对社会责任的担当源于对国家战略号召的响应,完整、准确、全面贯彻新发展理念,为更好履行社会责任筑牢了基石。这也激发中广核对其企业使命的深层次思考,在"发展清洁能源,造福人类社会"这一与社会责任理念高度契合的使命引领下,中广核的社会责任事业持续深入推进。同时,基于社会各界对核安全的高度关注,中广核持续深入开展责任沟通,努力获得社会各界理解和信任,驱动着社会责任管理水平的持续提升,也获得了社会各界的广泛认同。

第一节 服务国家战略,匠心铸就"国之重器"

中广核的诞生源于国家发展核电的重大战略部署。作为中国改革开放的先行者和探路者,中广核坚守央企"姓党为民"的政治本色,积极承担国家使命,完整、准确、全面贯彻新发展理念,服务构建新发展格局,推动企业高质量发展。

中广核高起点、高起步建设大亚湾核电站,走出了一条适合中国国情的"引进—消化—吸收—再创新"的高技术产业发展之路,支撑我国核电规模化发展,实施创新驱动发展战略和"走出去"战略,筑牢中广核可持续发展的基石,助力书写我国核电事业高质量发展的壮丽篇章。

一、高起点、高起步,建设大亚湾核电站

中广核大亚湾核电站是我国大陆第一座百万千瓦级大型商用核电站。它的全面建成奠定了我国核电发展的基石,树立了我国能源电力领

中国广核集团：使命引领、透明驱动型社会责任管理

域改革开放的成功典范，走好了我国核电"引进—消化—吸收—再创新"发展之路的第一步。

1978年，正当改革开放新纪元开启的历史时刻，我国宣布了一项对建设现代化大型工程项目具有里程碑意义的重大决定——从法国全套巨资引进当时国际最先进的两台百万千瓦核电机组，率先发出中国改革开放的时代最强音，这一历史使命落在了中广核的肩上。为了做好大亚湾核电站的公众沟通，积极履行企业社会责任，助力大亚湾核电站高质量建设，中广核在大亚湾核电站正式开工前的1986年，成立了公共关系处，这是中国企业最早设立的公共关系组织机构。

1987年8月7日大亚湾核电站正式开工，1994年5月6日全面建成投产，前后历时7年，大亚湾核电站实现了中国百万千瓦级大型商用核电站"从无到有"的突破和跨越（见图1-1和图1-2）。其间，通过建设大亚湾核电站的技术积累和经验沉淀，加上重金选派110余名青年骨干到国外学习，中广核组建了核电工程管理和生产运营队伍，解决了我国百万千瓦核电站设计、建造、运营的"入门"问题，为中广核和我国核电事业长远发展培养了宝贵的人才。

图1-1 大亚湾核电站（a）

图 1-2 大亚湾核电站（b）

二、打造自主品牌，规模化发展核电事业

1994 年 9 月 29 日，经国务院批准成立中国广东核电集团有限公司。按照"以核养核、滚动发展"方针进一步发展核电，中广核成功走出一条"以我为主、博采众长、对接国际、融合创新"的产业发展道路，树立中国高端技术产业追赶式发展典范。

大亚湾核电站建成后，中广核将国家提出的"自主设计、自主制造、自主建设、自主运营"战略目标，视为自身对国家和社会最重要的责任与担当，以大亚湾核电站引进的 M310 技术为基础，在岭澳核电站一期进行了 37 项重大技术改进。2003 年，岭澳核电站一期投运，实现我国核电发展从项目引进到技术引进，从技术空白到消化吸收的重大突破（见图 1-3）。此后，岭澳核电站二期再进行 15 项重大技术改进和 40 余项其他技术改进。以 2010 年 9 月岭澳核电站二期建成投产为标志，中广核通过渐进式改进和标准化设计，稳步形成了中国首个二代改进型整体技术方案 CPR1000 品牌，总体性能达到同类机组国际先进水平。核电机组国产化比率也从大亚湾核电站的1%一步步提高到86.7%，促进中国高端装备制造业水平大幅提升。

图1-3　岭澳核电站一期

此后，红沿河核电、宁德核电、阳江核电、防城港核电等一批采用CPR1000型技术的核电站先后开工建设，全面实现我国百万千瓦级核电站设计、制造、建设、运营的"四个自主化"目标，圆满完成了中广核在那个时代最重要的责任。

三、瞄准核心关键技术，填补国内科研空白

党中央、国务院历来把创新驱动发展作为面向未来的一项重大战略。中广核作为我国核电发展的主力军，大力实施"科技引领、创新驱动"发展战略，研发自主知识产权三代核电技术"华龙一号"、核电站数字化仪控平台"和睦系统"等关键核心技术，填补多项国内空白，在带动核电行业整体水平提升的同时，依托科技创新更好地解决社会关切的安全、环境、发展等问题，提升自身可持续发展能力。

研发国之重器"华龙一号"，实现核电发展第五个自主化。在国家的主导下，中广核和中核集团就自主三代核电技术融合达成一致，双方在

ACPR1000＋和ACP1000基础上，联合开发三代百万千瓦级压水堆技术——"华龙一号"。得益于中广核30多年科研、设计、建设和运行经验，仅用5年时间就研发出"华龙一号"，实现核电第五个自主化"自主创造"，为实施"走出去"战略奠定重要的基础。"华龙一号"采用国际最高安全标准，具有完善的严重事故预防和缓解措施，堆芯损坏频率小于10^{-6}/堆·年，大量放射性物质释放频率小于10^{-7}/堆·年，成熟性、安全性和经济性满足三代核电技术要求。

研发核电站数字化仪控平台，实现核电站"神经中枢"中国造。核电站运行涉及300多个系统、近万套设备，均由核电站的"神经中枢"——数字化仪控系统（DCS）精确控制。核级DCS技术复杂、质量标准严、鉴定要求高，此前一直被国外供应商垄断。2010年，中广核发布我国首个具有自主知识产权的核级DCS平台——"和睦系统"，实现核电站"神经中枢"中国造，使中国成为全球第四个掌握这项核心技术的国家。"和睦系统"具备可靠性高、安全性好、通用性强等特点，已广泛应用在国内在役机组的改造和新机组的建设中，实现从第二代到第四代核电技术的应用全覆盖。

四、加速"走出去"，构建人类命运共同体

在全球清洁能源行业加速发展的新时代，中广核积极响应国家"走出去"战略和"一带一路"倡议，坚持共商、共建、共享原则，推动核电及清洁能源业务进军国际市场，带动我国高端装备产业"走出去"，为构建人类能源命运共同体、增进各国人民福祉做出贡献。

从"十一五"开始，到如今的"十四五"规划，中广核制定了清晰的国际化战略。"华龙一号"的成功研发和防城港核电站二期示范工程的建设，打开了中广核"走出去"的大门。在中国、英国、法国三国的支持下，2016年9月，中广核与法国电力集团、英国政府签署英

国新建核电项目一揽子合作协议，"华龙一号"技术方案首次落地西方发达国家。凭借良好的安全性与性价比，泰国、肯尼亚、印度尼西亚、南非、土耳其、哈萨克斯坦等国也对"华龙一号"技术表现出强烈兴趣。中广核加大天然铀资源保障力度，与哈萨克斯坦等富铀国家积极合作，2012年与中非基金合作收购全球储量第三的纳米比亚湖山铀矿，锁定的铀资源可以满足中广核核电机组未来30年的燃料需求。同时，中广核秉持互利共赢理念，在全球积极拓展陆上风电、海上风电、太阳能发电等可再生能源开发、投资、建设和运维，加大开放合作力度，履行全球公民责任，促进所在国经济社会发展。

截至2022年6月底，中广核全球业务覆盖15个国家和地区，在运海外新能源控股在运装机超1307万千瓦，国际化水平位居电力央企前列，是全球领先的清洁能源供应商与服务商。

第二节　坚守企业使命，引领社会责任更精更深

推动我国清洁能源发展、助力"双碳"目标实现，是党和国家赋予中广核的时代使命。中广核顺应全球能源结构转型的发展趋势，将"发展清洁能源，造福人类社会"作为企业使命，倡导"善用自然的能量"的品牌理念，将安全生产、环保贡献、员工发展、社区共建等作为企业的责任担当，推动社会责任内化于心、外化于行。

一、赋予社会责任更丰富的内涵

中广核积极服务党和国家工作大局，结合企业发展实际，推动核、风、光、水等多种清洁能源事业进步，保障能源安全、优化能源结构，实现经济、社会、生态协调可持续发展，致力于让更多的人享有清洁能

源，为更多的人营造绿色生活氛围，让天更蓝、水更清、地更绿，不断延伸社会责任的边界。

（一）持续丰富社会责任内涵，在坚守使命中明晰履责方向

在40多年的"摸爬滚打"中，再加上借鉴、学习国际一流的安全和质量管理理念，中广核逐步形成了以安全为核心的品牌文化体系，明确了"发展清洁能源，造福人类社会"的使命，确立了"成为具有全球竞争力的国际一流清洁能源企业"的愿景，确定了"善用自然的能量"的品牌理念。2013年开始，中广核深入梳理了以安全为核心的品牌文化理念，提炼形成《企业文化共识》读本，清晰指出中广核在社会进步和经济发展中应该担当的角色和责任。随着新时代中国特色社会主义建设的推进，2021年又进一步提炼提出"品牌核心是守护核安全""品牌倡导是善用自然的能量""品牌精神是勇于担当"三个主要品牌内涵，为打造社会责任品牌典范提供了更加明确的思路。

（二）坚定创建世界一流企业，在担当使命中深化履责标准

按照"产品卓越、品牌卓著、创新引领、治理现代"世界一流企业标准，中广核矢志成为"公众信赖、更具责任，技术领先、更具实力，持续发展、更具价值"的国际一流企业，坚持依法诚信经营，增强清洁能源供给，筑牢安全防线，推进节能减排，落实创新发展战略，支持乡村全面振兴，积极服务民生事业，关心关爱广大员工，有效开展海外履责，对自身的社会责任要求日益严格，不断深化履责标准。

（三）面向利益相关方核心诉求，在践行使命中强化履责承诺

中广核以世界一流企业为标杆，秉持高度的社会责任感和道德责任感，自觉践行高标准社会责任。对客户，强化市场意识，坚持客户导向，满足客户需求，努力超越客户期望。对员工，关心员工，培养员工，成就员工，实现员工与企业共同发展。对股东，坚持科学经营、规

范运作，为股东提供持续回报。对行业，坚持自主创新、引领发展，以共赢理念构建合作伙伴生态圈，推动核电等清洁能源产业持续健康发展。对社会，坚持公开透明，主动接受监督，为社会提供安全高效的清洁能源产品和服务。对环境，坚持低碳发展、环境友好，推进生态文明建设，共建美好家园。这一系列履责承诺，充分彰显中广核履行社会责任的坚定决心与使命担当。

二、统领社会责任实践以点带面

中广核将"发展清洁能源、造福人类社会"的使命追求，根植于全集团员工的血脉中，驱动中广核人持续拓展并深化社会责任实践。一方面，在积极发展核能产业的同时，大力发展清洁能源产业，以及危废治理、水务环保等科技型环保产业。另一方面，发挥自身优势，凝聚多方资源力量，带动社区发展，投身乡村振兴事业，助力社会持续进步。

（一）拓展清洁能源和环保产业布局，贡献绿色低碳发展

核电天然具有绿色、低碳、清洁等属性，自建设大亚湾核电站起，绿色发展的理念就在中广核生根发芽、根深蒂固。一直以来，中广核坚持以核能产业为主，探索发展各类清洁能源，并围绕环境治理、生态保护持续拓展新业务，力争在生态文明建设中发挥更大的作用。

善用核能、风能、太阳能，积极布局全球清洁能源产业。气候变化已经成为 21 世纪全球面临的最严峻挑战之一，中国向世界做出"碳达峰、碳中和"目标承诺，可再生能源代表能源产业未来的发展方向。中广核提出"清洁能源供应商和服务商"战略定位，向世界展现积极参与应对气候变化的坚定决心和国资央企担当。2003 年，中广核能源开发有限责任公司成立，专门从事非核能源开发建设，迈出向清洁能源全面发展的探索步伐。随着 2005 年《中华人民共和国可再生能源法》的出台，中广核采取专业化模式，可再生能源业务进入战略成长期。

2007年2月，中广核风力发电有限公司成立，成为国内最早一批从事风电开发建设的专业化平台公司。2009年8月，中广核太阳能开发有限公司成立，同年中标全国第一个光伏发电特许权项目——甘肃敦煌10兆瓦光伏发电项目。2014年成立中广核欧洲能源公司，负责欧洲新能源业务开发，此后新能源业务版图进一步拓展到东南亚、非洲、南美洲等地区。截至2022年6月底，中广核国内新能源控股在运装机达2835万千瓦，海外新能源控股在运装机超1307万千瓦。

深耕多元化绿色环保产业，全力助推"美丽中国"建设。"十三五"以来，中广核紧抓国家生态文明发展机遇，将科技型环保业务列入新业务探索方向，相继进入危废治理、水务环保、生物天然气等业务领域，助力打赢"蓝天、碧水、净土"保卫战。中广核自主研发出国际领先的等离子体固体废物处理技术分解废物，无须堆存或填埋，无二次污染，气体排放达欧盟标准，可替代危废填埋和焚烧。与清华大学联合研发的电子束处理特种废弃物技术，通过高能电子在水中产生的强氧化性自由基分解污染物和杀灭病菌，成为环境治理"利器"。还建成国内首个大型商业化生物天然气示范项目——新疆呼图壁项目，有助于缓解地表污染及秸秆焚烧造成的大气污染，改善农业生态环境，其副产品有机肥的施用，也能够推动优质绿色安全农产品生产，促进现代循环农业发展。

（二）坚持与自然环境和谐共生，贡献生态核电模式

中广核敬畏自然、尊重自然、保护自然，秉持与自然生态环境和谐共存的原则，将生态理念贯穿核电选址、设计、建设和运营全生命周期，主动减少核电项目对环境的影响和资源的占用，结合周边发展规划，融入地方发展。

构建生态核电评价指标体系，推进核电项目生态化评估。在遵守我国现有核电法规、标准的前提下，在符合核电安全可靠、环境相

容、技术可行和经济合理的基础上，中广核从环境影响度、资源占用度与社会和谐度三个方面入手，按核电全生命周期构建并完善核电生态指标体系。2018年，依托广东太平岭核电基地建设生态核电建设示范项目，制定以"三生四层"为核心的惠州生态核电建设方案，以指导太平岭核电建设。2021年，太平岭核电一期工程被中国能源研究会授予"生态核电建设示范基地"称号，成为我国首个"生态核电建设示范基地"。此外，浙江三澳核电项目主打绿能小镇，推动项目建设、生态环保、区域经济等共同发展，得到了当地群众和社会各界的充分认可。

严格规范工程项目环境管理，从源头做好环保管控。中广核深入贯彻习近平生态文明思想，落实环境保护的法律法规、规范性文件、建造阶段环境影响评价报告等要求，在充分吸收同行电站环境保护程序体系优势的基础上，创新编制《工程建造阶段环境管理大纲》，识别核电工程建设阶段各类环境污染风险，从责任落实、宣贯培训、具体实施、监督考核、追责问责等多个维度制定详细管理措施，最大程度减少和消除工程建设过程中的环境污染，填补了业内在建核电项目环境管理体系的顶层设计空白。

倡导企业与自然生态和谐发展，全力保护生物多样性之美。中广核始终秉持"共生、互生、再生"的理念，遵循"避免—减少—减缓—补偿"的"阶梯型"生物多样性保护思路，努力实现项目建设与周边自然环境和谐共生。在项目建设过程中，中广核有意避开生物多样性高价值的区域，注重就地取材，减少对原有水土的破坏，对珍稀植物进行移栽，保存腐殖土，项目结束后再恢复绿化，定期对项目附近海洋生物进行生态调查。同时，将"自然资本理念"纳入清洁能源项目建设生产运营各个环节，对自身生物多样性保护和可持续发展实践进行量化管理，打造了一种基于自然资本核算的生物多样性量化管理创新模式，为行业提供可复制的生物多样性保护管理方案。2021年10月11日，在联合国《生物多样性公约》第十五次缔约方大会（COP15）第一阶段会议上，中广核发布了具有示范意义的国内首份基于自然资本核算的生物多样性保护报告。

（三）积极投身社区发展事业，为实现共同富裕目标作贡献

中广核认为"企业与社区的关系就像树与土一样，土能育树，树能固土，社区为我们提供生存、发展的土壤，我们有责任带动社区发展与进步"，始终将回报社会作为应尽职责，改善项目周边社区基础设施条件，助力发展当地特色产业，拓展居民就业机会，带动社区发展和进步，建好一个项目、带动一地经济、造福一方人民。

主动参与项目周边社区建设，全面带动社区发展进步。2014年8月7日，中广核发布我国核电行业首份社区发展白皮书——《中国广核集团社区发展白皮书》，首次推出3N社区沟通模式。"N"是英文"Neighbor"的缩写，即邻居，"3N"是指"安邻、友邻、暖邻"，即中广核愿意支持社区发展，做让社区安心、称心、暖心的好邻居，共同建设安邻、友邻、暖邻的和谐社区。以大亚湾核电基地为例，其不仅注重自身可持续发展，还成立社区基金积极支持周边社区进步，先后新增或改善了居民区内部道路、小区供排水系统、绿化、老人活动中心等基础设施。距离基地最近的深圳大鹏镇，原是个只有几十户居民的小渔村，现在一座座住宅拔地而起，海边旅游资源也被充分利用，与"中国最美核电厂"连成一片，成为方兴未艾的旅游度假胜地，当地社区居民纷纷在核电基地附近兴办服务产业，过上了更美好的生活。

立足企业优势和当地资源禀赋，如期完成脱贫攻坚任务。2002年来，中广核结合企业自身优势重点立足产业扶贫、教育扶贫、就业扶贫，通过基础设施建设、特色产业链打造、奖教助学、特困群众救济和帮扶等系列举措，持续为贫困地区打赢脱贫攻坚战输入"核动力"。截

中国广核集团：使命引领、透明驱动型社会责任管理

至 2020 年年底，中广核累计投入扶贫资金超过 4.2 亿元，派驻挂职干部 68 名，足迹覆盖新疆、西藏、广东、广西、四川等地区，助力定点扶贫的广西凌云、乐业两县 1.1 万余人口脱贫。在定点帮扶的广西凌云县、乐业县，中广核先从村民最迫切的需求开始，如投入资金帮助乐业县改善医疗就学条件、优化基础设施、救济帮扶特困群众，同时发挥清洁能源、电子束保鲜、生物有机肥等综合科技优势，建设"乐业风车花海""乐业猕猴桃"等全产业链帮扶模式，推动贫困地区经济社会发展和群众生活改善。仅乐业风电一个项目，全面建成后每年纳税约 2000 万元，项目分红惠及 63 个村集体，"风车花海"还带动养蜂、旅游业发展。

因地制宜完善接续帮扶机制，因村施策助力乡村振兴事业。2021 年，随着我国如期打赢脱贫攻坚战、全面建成小康社会、实现第一个百年奋斗目标，中广核进一步发挥"国家队""主力军"作用，结合帮扶地区不同的资源禀赋，持续完善接续帮扶机制，继续派驻优秀干部坚守一线，重点围绕产业振兴、生态振兴、人才振兴、消费帮扶和整村帮扶等方面，发挥产业、技术、人才等优势开展乡村振兴行动，巩固拓展脱贫攻坚成果同乡村振兴有效衔接，推动脱贫地区经济社会发展和群众生活持续改善。在凌云县，引导当地大力发展种桑养蚕产业，逐步构建完善"桑叶喂蚕—蚕茧制丝—桑葚鲜采—桑果制酒—桑枝育菌—菌渣、蚕沙变肥"循环产业链，2021 年帮助全县创造超过 2.2 亿元蚕茧产值，积极打造桑旅融合新形态，让村民吃上"旅游饭"。在乐业县，补齐并延伸国家地理标志产品红心猕猴桃产业链，通过援建乐业有机肥项目和百色电子束保鲜项目，向上游打造"农业废弃物＋有机肥料＋绿色农业种植"生态循环模式，沿下游完善"果蔬保鲜—冷链物流—销售"产业链。

三、驱动社会责任管理日趋完善

在"发展清洁能源,造福人类社会"的企业使命引领下,中广核自2012年发布第一份社会责任报告起,每年定期向社会详细披露社会责任理念和实践行动,积极发挥"以报告促管理"作用,推动形成管理制度化、工作机制化、组织体系化、指标可量化的工作格局,为扎实推进社会责任事业夯实了基础和保障。

(一)建立社会责任组织体系,筑牢社会责任工作组织保障

为加强社会责任工作的组织保障,从2011年开始,中广核不断探索完善社会责任组织体系。社会责任工作在公司党委、总经理部的领导下,由党群工作部牵头,联动综合管理部、战略规划部、科技数字化部、安全质量环保部、核能管理部、产业发展部、人力资源部、财务资产部、审计法务部等各个职能部门,协同开展社会责任管理。

(二)编制社会责任专项规划,形成社会责任工作指导纲领

从2012年开始,中广核在对标国际一流能源企业的基础上,结合业务市场拓展和项目建设运营进展,定期编制长期、中期、短期相结合的企业社会责任工作专项规划。作为集团社会责任阶段性共同纲领,专项规划从理念、实践、沟通等层面进行落实,充分结合自身业务特点及利益相关方诉求,强调开展以核能为特色的社会责任工作,促进企业与利益相关方的深度了解与沟通互动,共同推动企业与社会实现可持续发展。

(三)建立社会责任指标体系,强化社会责任绩效动态管理

围绕社会责任报告内容、指标及披露方式的全方位优化,中广核在2013年编制发布《中广核社会责任指标体系管理手册》。根据手册要求,中广核将责任逐一落实到各部门处室、各分子公司,形成包括15

中国广核集团：使命引领、透明驱动型社会责任管理

个环节、3个风险控制点的报告编制流程，确保信息披露全面、真实、客观、有效。在此基础上，参照国际有关标准建立包括10项重点提升指标、30项关键指标和60项覆盖指标的社会责任指标体系，奠定了社会责任绩效动态评价、持续提升的良好基础。此后，中广核还结合实践经验持续完善社会责任指标体系，不断优化和固化社会责任管理工作规范、工作要求和工作流程。

（四）推动专项工作体系化管理，提高社会责任管理效率和效果

在社会责任细分领域上，中广核积极推进安全生产、质量管理、绿色发展等专项工作体系化管理，推进相关管理体系认证，完善社会责任管理运行机制，提升专项工作整体效率和效果。

健全核安全管理体系，作为日常管理"重中之重"。从成立之日起，中广核就构建贯穿于企业生产经营活动、以安全质量为核心的一体化安全管理体系，有效连接安全责任与安全目标，实现"人人都是安全屏障"的深层次、精细化、标准化安全管理。同时，以纵深防御体系为基础，在设备上和措施上分别提供多层次重叠保护，建设有效的安全责任组织体系、独立安全监督体系及安全评估体系。

统一质量管理标准，夯实工程全生命周期安全基础。中广核始终以"行为零违规、质量零缺陷"为目标，围绕质量管理重点与难点，推进完善质量责任体系，优化设计版块责任落实的"同心圆"，厘清施工集约化管理作业责任链条，全面推广对重大进度调整的质量评价体系，促进各项目质量标杆建设日常化，不断提升工程建设的安全和质量。

优化科技研发体系，有效释放"第一生产力"效能。中广核坚持科技创新在发展全局中的核心地位，大力实施创新驱动发展战略，推进科研体制机制改革，健全科技创新体系，优化科研管理机制。打造紧密型、松散型两个合作圈，形成"小核心、大网络"的产学研用科研体系，牢牢掌握创新主动权。实施科研体系专项改革，重点优化核能领域

科技创新顶层设计，形成涵盖创新技术研发、工程设计研究、运行技术研究的职责清晰、分工明确的研发体系。积极优化管理流程，按照"管好""放活"的原则，精简科研项目管理流程，减少不必要或不增值流程环节。

建立环境管理体系，融合协调其他管理体系规范。基于对具有或可能会有重大环境影响的环境因素的辨识和分析，中广核建立了符合ISO 14001国际标准、能源节约与生态环境保护相关法律法规、规章要求的环境管理体系，确保与本单位安全质量、职业健康等其他管理体系要求相融合，确保环境管理目标与其他目标协调一致。1999年，大亚湾核电站通过ISO 14001环境管理体系认证，成为我国核工业系统和电力系统第一家获得该项认证的单位。截至2021年年底，中广核所属各电厂均获得ISO 14001环境管理体系认证。

第三节 深化核安全认知，打造社会责任品牌

随着中广核迈入高质量发展的新阶段，公众参与公共事务监督的意识日渐增强，核电项目和企业面临更大的舆论和公众压力。中广核始终坚持"安全第一、质量第一、追求卓越"的基本原则，围绕公众普遍关注的核安全等重要问题，逐步深入推进责任沟通，摸索出"透明之约—透明之责—透明之道"路径，回应来自社会、环境等各方面的多元诉求，在保障公众知情权、参与权、监督权的同时，促使中广核积极推进社会责任管理与实践，赢得社会各界的理解和认同，树立公众对核电发展的信心。

一、牢树"安全第一"意识，擦亮核安全金字招牌

自从20世纪50年代全球首座核电站诞生以来，核安全始终是核电

中国广核集团：使命引领、透明驱动型社会责任管理

发展的公众关注焦点。中广核高度重视核安全，严格落实各环节责任，精准防范安全风险，把"人人都是一道屏障"落到实处，确保核安全万无一失，树立安全管理行业标杆。

从建设大亚湾核电站开始，"安全第一"成为干事创业根本准则。中广核始终以对党、国家和人民高度负责的态度，敬畏核安全、守护核安全。在 1987 年大亚湾核电站建设初期，1 号反应堆筏基发生漏筋事件，中广核坚持"安全第一、质量第一"，即便代价不菲，也要立马停工整顿、彻底查明原因和全面反思，并决定向新闻媒体主动通报情况。这起标志性的漏筋事件，使中广核经历了一场安全质量管理的洗礼，被称为中广核企业品牌文化的"奠基石"。从此，"安全第一、质量第一"的理念得以全面贯彻、落实，安全文化毋庸置疑地成为中广核的"生命线"，成为中广核高质量发展的灵魂。

从源头防控保障安全质量，对涉核安全质量工作永远追求 100%。中广核提出"安全的核电站才是经济的核电站"，以对国家、对社会、对人民高度负责的精神，首先考虑、优先保证核安全，确保核安全不受工程进度、经济效益和资源的制约和影响，促使中广核的每个组织、每名员工都能时刻用心守护核安全，做到让国家放心，让公众信任。

从"核安全高于一切"出发，安全管理和机组运维水平世界一流。自 1994 年大亚湾核电站首台机组商运以来，截至 2022 年 6 月底，中广核在运 26 台机组累计安全运行超过 230 堆·年，总体安全业绩保持国内领先，多项关键指标国际领先。其中，岭澳核电站 1 号机组连续 17 年无非计划停堆，领先全球排名第二的外国机组近 60 个月，持续刷新世界同类机组安全运行纪录。大亚湾核电基地连续 11 年夺得世界核电领域最权威比赛之一——EDF 国际同类型机组安全运行业绩挑战赛"能力因子"第一名，累计获得 39 项（次）第一名，是全球获得冠军数量最多的核电基地。

> **案例：守护蓝芯，匠心保障操作"零失误"**
>
> 核燃料是核电站的"心脏"，"大国工匠"乔素凯作为中广核首席核燃料师，始终坚守在核电站核燃料操作一线，从事核电站新燃料接收、大修堆芯换料、燃料组件检测与修复等所有与核燃料相关的工作。
>
> 在乔素凯心中，守护核安全是他的使命。他是修复核燃料组件的世界知名"外科医生"，带领特殊维修专业技术团队，承担着全国一半以上核电机组核燃料的维护工作，连续9万步操作"零"失误。他带领着国内唯一能对缺陷核燃料组件进行水下修复的团队，用4米长杆完成水下精确值为3.7毫米的操作，稍有不慎核燃料组件就无法入堆运行，而他能做到燃料操作"零"失误及换料设备"零"缺陷，小心翼翼守护着国家的核安全，在核燃料组件修复设备国产化的道路上探索创新、不断超越。

二、重视安全责任沟通，促进各界科学认知核电

中广核深知，核电的可持续发展离不开技术进步，更离不开全社会理解和支持，也坚信唯有做好责任沟通，才能破解"邻避效应"，真正赢得全社会对核电的理解和支持。

国外发生核泄漏事故，导致全球核电项目整体接受度降低。核安全关乎人类共同安全，1979年美国三英里岛核事故、1986年苏联切尔诺贝利核事故和2011年日本福岛核事故等重大核安全事故的发生，为核安全敲响了警钟。社会各界由此对核安全发展给予更多的关注，不少人也对核设施产生强烈的抵触心理，公众接受度成为诸多核电项目落地的关键性因素。

在我国，公众意见是核电项目能否落地的决定性因素之一。生态环境保护部明确规定，核电项目厂址选择阶段的公众沟通工作应得到

充分重视，公众沟通工作方案和核电项目选址阶段的公众沟通工作总结报告要作为厂址选择阶段公众沟通工作的支持性材料，是颁发核电项目厂址选择审查意见书的前提条件。此外，社会稳定风险评估报告是国家发展和改革委、国务院审批和核准项目的重要依据，若评估报告认为项目存在高风险或者中风险，国家发展和改革委将不予审批、核准和核报。

避免公众对核电怀有"成见"，推动核电事业可持续发展。我国核电事业已发展数十年，但大多数公众对核能的认知十分有限，"谈核色变"的现象时有发生。保障核能事业健康发展，需要持续引导公众理性认知与看待涉核项目，增进与公众的互动和沟通，让公众理解核电是一种安全、清洁、可持续发展的能源，是国家重要的能源保障。尤其在互联网时代、信息化时代，有必要将责任沟通更多地融入核电日常运营过程中，让真实的信息及时抵达利益相关方，让利益相关方以适当的方式参与建议、监督核电企业经营行为，为核电健康快速持续发展创造良好的舆论氛围和环境。

三、"透明"理念逐步深化，推动核能事业可持续发展

在奉献我国核电事业发展的 40 多年里，中广核始终重视加强利益相关方互动沟通、增进社会各界了解信任。从透明之约、透明之责到透明之道，中广核以"3 级进阶"式打造责任沟通之道，逐步面向更多群体，开展更加深入有效的责任沟通，驱动企业社会责任管理落地，并推动核电事业可持续发展，如图 1-4 所示。

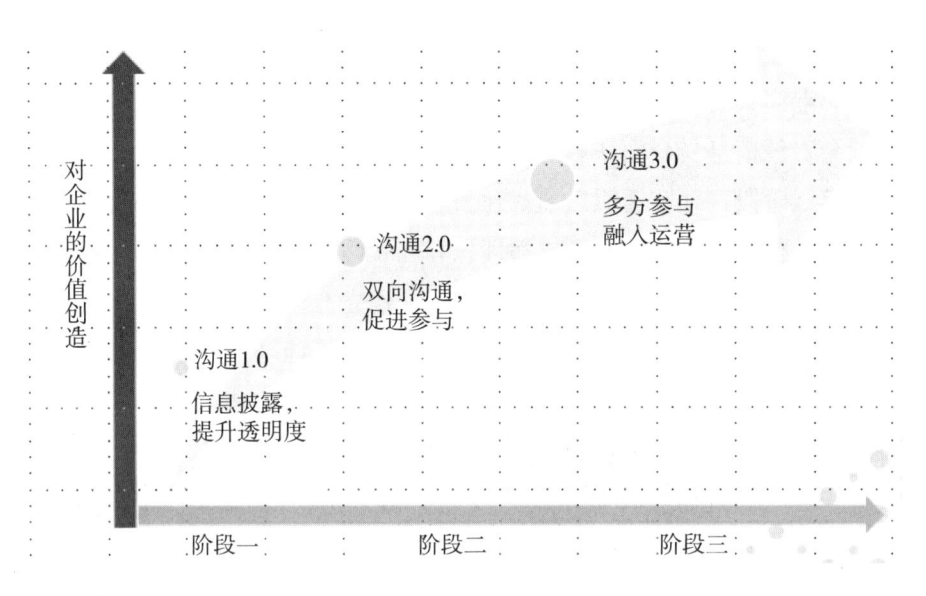

图1-4 中广核"3级进阶"打造责任沟通之道

第一阶段：共赴透明之约，积极主动公开信息，提升运营透明度。为加强核电站与社会公众关于核与辐射安全信息的沟通交流，中广核采取了一系列举措，进一步提高核电站的透明度。上线"核与辐射安全信息"公开平台，2011年大亚湾核电站上线了我国首个专门面向公众披露核电站运营安全情况的信息平台，此后中广核所有在运核电站均开通了"核与辐射安全信息"公开平台，社会公众随时可以查询核电站运行数据和运行事件等重要信息，包括能力因子、辐射防护、工业安全、一级火险指数、三废管控、环境监测等详细内容。中广核还确保所有运行事件信息在两个工作日得到及时公开，并依托网站、微博、微信等渠道，同步发布核与辐射信息。常态化举办一系列新闻发布会，中广核在每一个在建、在运电站的重要里程碑节点，常态化举行媒体沟通会或发布会，主动、及时、全面、公开披露核电安全生产、科技研发、环境保护、社会责任等有关信息。定期发布社会责任报告，截至2022年，

中国广核集团：使命引领、透明驱动型社会责任管理

中广核已连续 11 年面向社会公开发布企业社会责任报告，并将报告安排在粤港澳大湾区国企社会价值高峰论坛等重大活动上发布，进一步扩大社会责任信息受众面和影响力。

第二阶段：共鉴透明之责，强化多方互动沟通，深度回应公众诉求。中广核利用最新的大众传播理念和互联网技术，将灌输式单项宣传转变为公众参与、互动的双向沟通模式，建立"8·7 公众开放体验日""微旅游""微体验"等多样化沟通渠道，推动形成"天天都是开放日"的公众沟通格局。8 月 7 日是大亚湾核电站开工纪念日，中广核在日常公众参观和接待的基础上，在 2013 年策划举办首届"8·7 公众开放体验日"，开创我国核电行业"开放体验、透明沟通、公众参与"先河。此后，每年 8 月 7 日被确定为中广核公众开放体验日，大亚湾、阳江、宁德、红沿河、防城港、台山六大在运核电基地同步开展沟通和科普行动。"8·7 公众开放体验日"每年聚焦一个主题，邀请政府部门、监管机构、行业协会、媒体记者、意见领袖、社区代表、网民等不同群体共同参与，联合各主流媒体、新媒体流量平台、社交自媒体账号进行广泛传播，生动展示核电清洁、环保、安全等特质，增进公众对核电的理解，增强公众对发展核电的信心。截至 2022 年 8 月，中广核已连续举办十届"8·7 公众开放体验日"活动。

第三阶段：共研透明之道，行为传递融入运营，促进价值共享认同。中广核将"透明"理念全面融入经营管理领域，打造公众沟通与核电科普"8 个 1"整体工程，探索责任理念、责任传播、公众参与等多维度创新沟通实践。打造一个有名气的品牌活动，通过"8·7 公众开放体验日"系列主题行动，努力将普通公众眼中"神秘"的核电转化为温情、与美好生活息息相关的核电，唤起公众内心积极情感。建设一批有互动的科普展厅，设置核岛模型、核燃料组件模型、厂区沙盘图等展区，365 天免费向社会公众开放参观。截至 2022 年 6 月底，在中广

核总部、分子公司、项目现场共建31个常设型科普展厅，累计参观人次超过百万。参与一批有分量的知名展会，结合公众沟通、核电科普、市场开发等需求，平均每年参加中国核工展、法国核工展、高交会等国内外大型展会20多场次，形成海内外并重的参展格局。举办一批有诚意的新闻发布，平均每年策划10余场新闻发布会，除了介绍核电安全生产情况，还将科技研发、环境保护、社会责任等信息也纳入发布范围，帮助媒体和公众从多个角度认识中广核。编制一批有趣味的科普教材，组织编写寓教于乐、趣味性强的核电科普教材，用于"开学第一课""核电科普进校园、进课堂"等活动，截至2022年6月，累计走进9个省份19个地级市200余所学校，覆盖近20万名中小学生。探索一套有成效的传播体系，在持续加大传统媒体传播力度的基础上，中广核开通官方网站、微信、微博、今日头条、抖音、B站、视频号等宣传平台，建立超过200个社交账号媒体矩阵，拉近核电与公众之间的距离。培养一批支持核电的科普达人，主动整合项目周边认可核电的教师、大学生、导游及社区意见领袖，启动科普讲师培训认证工作，目前各核电基地通过认证的科普讲师超过600人，积极参与核电科普的志愿者超过1万人。凝聚一帮爱核电的周边群众，结合"安邻、友邻、暖邻"3N社区发展行动，了解并积极回应社区居民的期待，结合项目开发推进社区基础设施建设等措施，定期开展各类核电安全科普与透明沟通活动，建立从沟通、参与到监督的全过程透明机制，逐渐凝聚一批拥护核电发展的周边社区群众。

第二章

责任之纲，
打造 NICER 社会责任管理模式

第二章 责任之纲，打造 NICER 社会责任管理模式

长期以来，中广核坚守央企"姓党为民"的政治本色，完整、准确、全面贯彻新发展理念，积极服务国家战略，始终坚守"发展清洁能源，造福人类社会"的使命，社会责任管理目标、体系机制和工作重点日益清晰明确，透明沟通的社会责任品牌工程持续推进，驱动中广核实现可持续的高质量发展。

由此，中广核形成了独具清洁能源特色的使命引领、透明驱动型社会责任管理模式。该模式也称 NICER 模式，为中广核进一步推进社会责任事业、打造优秀履责典范提供了行动指南，也为打造国际一流清洁能源企业的美好愿景指明了努力方向。

第一节 模式构成

中广核使命引领、透明驱动型社会责任管理模式，包括责任理念、责任实践、责任沟通、责任管理四大子模块。责任理念凝聚全员共识，责任实践持续落地生根，责任沟通做到透明诚信，责任管理全面融入企业，为更好地推进社会责任管理，探索了一条可持续、可复制、可推广的路径。

一、模式示意图

创新、协调、绿色、开放、共享，既是我国新发展阶段的新发展理念，也是中广核长期坚持的高质量发展之道。中广核以"发展清洁能源，造福人类社会"作为企业使命，以责任沟通为重要驱动力，从保障核安全、扩大影响力、参与社区发展、坚持环境可持续四个方面开展责任实践，从多方参与、贯穿全程、品牌认同三个方向强化责任沟通，

中国广核集团：使命引领、透明驱动型社会责任管理

从融入文化、融入战略、融入管理、融入组织四个维度筑牢社会责任管理保障，形成了使命引领、透明驱动型社会责任管理模式（见图2-1）。在"善用自然的能量"、拓展清洁能源主业的同时，中广核始终立足初心使命，建立起负责任、可持续的发展模式，以及完善实践、提升管理的透明运营机制，推动自身高质量可持续发展及社会和谐进步。

全面准确完整贯彻新发展理念
由内而外 使命引领
发展清洁能源 造福人类社会

保障核安全	扩大影响力	参与社区发展	坚持环境可持续
（Nuclear Security）	（Influence Expansion）	（Community Engagement）	（Environmental Sustainability）
・守护安全运行	・引领行业创新	・共建和谐社区	・发展清洁能源
・保障能源供应	・实现国际化发展	・接续乡村振兴	・实现降碳减排
・强化工程质量	・协同伙伴共赢	・帮助员工成长	・践行生态保护

责任实践

责任沟通
（Responsibility Communication）
品牌认同　　由外而内 透明驱动　　多方参与
贯穿全程

融入管理　融入战略　融入文化　融入组织

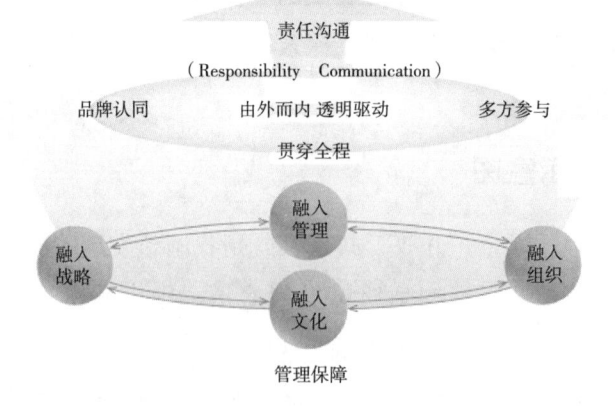

管理保障

图2-1　中广核 NICER 社会责任管理模式

中广核 NICER 社会责任管理模式，是基于 40 多年实践总结提炼而成，寓意追求更善、持续美好，即中广核更善于发挥自身优势，用更优的措施回应、满足和善待客户、股东、员工、合作伙伴、公众与环境等诉求，打造责任竞争力和影响力，更好地满足人民对美好生活的向往和需要。与企业"善用自然的能量"品牌理念高度契合，与企业希望成为"国际一流的清洁能源企业"美好愿景不谋而合。"NICE"可以拆解为四个维度：保障核安全（Nuclear Security）、扩大影响力（Influence Expansion）、参与社区发展（Community Engagement）、坚持环境可持续（Environmental Sustainability）。这四个维度涵盖了中广核社会责任实践的重要行动，推动中广核成为公众信赖、更具责任，技术领先、更具实力，持续发展、更具价值的国际一流清洁能源企业。"NICER"中的"R"表示责任沟通（Responsibility Communication），是中广核化解清洁能源项目"邻避效应"的重要途径，既是社会责任的有机组成部分，也是持续加强社会责任工作的创新管理形态和重要外部驱动力。

二、模式主体模块的构成及关系

中广核 NICER 社会责任管理模式包括责任理念子模块、责任实践子模块、责任沟通子模块、责任管理子模块。由图 2-1 可知，中广核完整、准确、全面贯彻新发展理念，通过由内而外的使命引领，为社会责任管理与实践提供方向和遵循。来自责任沟通的透明驱动，由外而内，促使中广核持续落实安全、经济、社会和环境等方面的责任实践。"使命引领"和"透明驱动"双重力量，一内一外，互为表里，推动着中广核的安全责任、经济责任、社区责任和环境责任实践不断落实、落地。同时，在文化、战略、管理、组织等方面实现"四个融入"，为开展社会责任实践提供可靠的管理保障。

中国广核集团：使命引领、透明驱动型社会责任管理

（一）责任理念：使命引领

责任理念子模块是中广核开展社会责任管理的思想基础。从成立之初，中广核就以"发展清洁能源，造福人类社会"为己任，后历经 40 余年峥嵘岁月，积极传承红色基因，主动响应国家战略，完整、准确、全面贯彻新发展理念，善用核、风、光、水等自然的能量，以国资央企的使命担当深耕社会责任事业，责任内涵日益丰富，责任实践由点及面，责任管理日趋完善，推动社会责任工作迈上一个又一个的新台阶。

（二）责任实践：精准发力

责任实践子模块明确了在双重驱动下的履责重点方向和内容。从企业社会责任的基本内涵出发，中广核重点聚焦安全责任、经济责任、环境责任、社区责任四大责任，结合国资央企特征和清洁能源业务特点，形成独具特色的"NICE"责任实践矩阵，实现社会责任精准发力，有效推动责任实践落地生根。

（三）责任沟通：透明驱动

责任沟通子模块是中广核开展社会责任工作的关键动力。该模块包含多方参与、贯穿全程和品牌认同三个方面。基于责任沟通，中广核科学识别公众诉求，深化社会责任议题管理，实现利益相关方的共同参与；在工程规划、设计、建设、运营全过程，贯穿落实公众知情权、监督权和参与权，驱动社会责任管理落地；建设可持续发展的责任品牌形象，强化公众的情感认同和品牌认同。

（四）责任管理：全面融入

责任管理子模块是中广核开展社会责任各项工作的基本保障。该模块包括融入文化、融入战略、融入管理、融入组织四层含义。中广核"四个融入"的保障体系体现了升华企业文化的初心，表达了贯彻可持续发展战略的恒心，传递了自上而下、全过程履行社会责任的决心。责

任管理子模块从文化植入、战略引导、管理落实和组织支撑等方面，为全面履责提供基本依据和有利条件，为有计划、有步骤、高质效开展社会责任工作提供重要保障。

第二节　模式内涵解读

中广核使命引领、透明驱动型社会责任管理模式，包含新发展理念及企业使命的内核驱动力、透明沟通的外延驱动力、"NICE"责任实践行动框架，以及一系列管理保障机制举措。中广核社会责任管理凭借"双轮驱动"顺势而为，紧握"四个融合"稳步推进，深化"四大责任"担当作为，兼顾自身经营和经济社会可持续发展。

一、一个核心驱动，坚持以企业使命为引领

自觉服务党和国家工作大局。中广核从广东大亚湾核电站起步，诞生于国家发展核电的重大战略部署，成长于国家积极发展核电的时代机遇，是党和国家一手缔造的企业。在实现自身高质量发展的同时，中广核主动服务党和国家工作大局，坚持"发展清洁能源，造福人类社会"，把安全保障、创新发展、环保贡献、社区进步、员工发展等作为履责重点领域，更好服务国家重大战略和经济社会发展。

始终坚守初心使命。一路走来，尽管业务、组织、战略几经调整优化，发展目标也不断演进，但中广核的初心从未改变，使命内核也始终如一，驱动着中广核社会责任的内涵日益丰富，外延日渐扩大，使得中广核的内生动力被持续激发，履责能力和绩效得以持续提升。

主动践行新发展理念。随着中国特色社会主义进入新时代，中广核坚定不移沿着以习近平同志为核心的党中央指引的道路，完整、准确、全面贯彻新发展理念，大力推进创新、协调、绿色、开放、共享发展，

在新时代强化新担当、更好履行社会责任，不断增强竞争力、创新力、控制力、影响力、抗风险能力，为实现第二个百年奋斗目标、全面建设社会主义现代化国家贡献力量。

二、一个行动框架，深化四大领域责任行动

作为以核能为特色的清洁能源企业，中广核高度重视保障能源安全供应，守护项目稳定运行，筑牢安全发展根基。作为行业领军者，中广核锐意创新，以科技创新推动绿色低碳发展，整合"两个市场、两种资源"，携手伙伴共赢，争创世界一流。作为责任央企，中广核全面融入地方经济社会和项目所在地周边社区，接续助力乡村振兴，帮助员工与企业共同成长。作为生态文明践行者，中广核多元化布局清洁能源产业，全力服务"双碳"目标，积极保护生态环境，实现人与自然和谐共生。

（一）保障核安全（Nuclear Security）

核安全是核电发展的生命线，核安全高于一切，核安全责任重于泰山。作为一家以核能利用与开发为主业的国资央企，中广核站在牢固树立"总体国家安全观"的高度，以对党、国家和人民高度负责的态度，充分认识"绝对安全""万无一失"的政治意义和现实意义，全面筑牢安全发展根基，不断强化"我要安全"的主动安全观，把"人人都是一道屏障"落到实处，保障能源安全供应，匠心铸造品质工程，守护机组安全运行，以实际行动恪守核安全。

1. 守护安全运行

安全是发展的前提，发展是安全的保障。只有筑牢核安全防线，真正做到万无一失，不断增进公众信任，才能营造核电积极的舆论生态和稳定的发展环境。中广核始终恪守"安全第一、质量第一、追求卓越"

的基本原则,将核安全置于优先地位,持续推进安全文化建设,持续完善安全管理体系,持续提升应急响应能力。全力以赴抓好核电站的安全、质量、进度、投资、技术和环境六大控制,坚持"按程序办事",保持"诚信透明",确保每一步风险可知、可控,确保核安全万无一失,努力做到让国家放心、让公众信任。

2. 保障能源供应

煤炭、石油等常规不可再生资源,在国际安全、资源储量、环境生态等方面多有局限,核电作为可大规模发展的替代能源,承载着保障能源供应、实现能源结构转型、达成"双碳"目标的重大历史使命。中广核坚决贯彻落实党中央、国务院决策部署,将电力供应视为企业最重要的政治任务,按照最高等级、最严要求,采取系列措施确保机组安全稳定,在国家需要时能发尽发、多发满发,同步推进重大项目落地,为经济社会发展和民生需求提供有力的清洁能源保障。

3. 强化工程质量

质量是实现安全的根本,没有质量就没有安全。中广核以"行为零违规、质量零缺陷"为目标,对建设项目的安全、质量、进度、投资、技术和环境进行全方位管控,着力提升工程建设全产业链的质量意识和安全意识。坚持高标准、严要求,保障质量监督的独立性,确保每项工作符合质量要求,不制造缺陷、不传递缺陷、不隐瞒缺陷。坚持在质量问题上绝不让步,对质量问题及时发现、准确定性、快速处理、及时反馈;对于隐瞒质量问题的行为零宽容。

(二)扩大影响力(Influence Expansion)

中广核以科技创新作为引领发展第一动力,保持"科技引领,创新驱动"的战略定力,高度重视核心关键技术自主研发,引领行业发展,竞争优势日益凸显。同时,打造责任供应链,携手国内外合作伙伴实现互利共赢；积极响应"一带一路"倡议，参与"双循环"新发展格局构建，不断朝着世界一流清洁能源企业迈进。

1. 引领行业创新

"关键核心技术是要不来、买不来、讨不来的"。一代代中广核人在关键核心技术自主化方面狠下功夫，打造出技术上有保障、安全上有优势、经济上有竞争力的"国之重器"。中广核坚持创新驱动发展战略，不断提升自主创新能力，积极推动创新成果转化应用，已建成9个国家级研发中心。联合中核集团共同研发的"华龙一号"，实现我国核电技术从跟跑、并跑到部分领域领跑的跨越式发展，成为我国装备制造"走出去"的亮丽名片。

2. 实现国际化发展

"引进来"与"走出去"并重，彰显国际影响力。在全球清洁能源行业加速发展的新时代，中广核大力贯彻国家"走出去"战略和"一带一路"倡议，稳扎稳打、锲而不舍、相机抉择，推动清洁能源业务进军国际市场，带动我国高端装备产业"走出去"，实现从"引进来"到"走出去"的历史性转折。以国际化发展战略为指引，中广核坚持开放共赢，核能、核燃料、新能源、非动力核技术等业务不断向海外拓展，先后与近20个国家和地区开展业务合作，有效推进中国制造在海外落地生根。

3. 协同伙伴共赢

中广核秉持合作共赢的理念，通过发挥产业龙头和资源平台作用，加强与供应链、产业链伙伴的合作，持续推进与合作伙伴的资源整合和优势互补，实现多方共赢、共同发展。中广核与供应商建立互惠互信关系，对准入、管控、考核等全过程进行规范管理，激励供应商提供更加优质的服务。中广核与产业链伙伴在安全、质量、研发等领域加强合作，搭建"政产学研用"协同创新平台，促进产业链管理水平提升。中广核注重"开门"做科研，与国内外企业、科研机构、行业组织、高等院校建立长期合作关系，吸收最新研发成果服务企业高质量发展。

（三）参与社区发展（Community Engagement）

中广核始终站在国家利益和社会利益的高度，建立完善的企业社会责任管理体系，将和谐共进、和睦相融、共同富裕的责任目标融入企业发展，坚持用实际行动回馈社会，积极参与社区发展，接续推进乡村振兴，帮助员工成长，"干实事、见实效、结实果"，得到员工、社区群众和当地政府的信赖与支持。

1. 共建和谐社区

企业作为社会公民，是所在社区的有机组成部分，与社区建立和谐关系是企业的一项重要社会责任。中广核在实现企业发展的同时，按照"建设一个项目、带动一方经济、造福一方百姓"的理念，建立利益共享机制，积极融入地方经济建设和社会发展，致力构建和谐、友好的"邻里"关系。中广核项目有利于扩大当地就业水平，带动产业链上下游企业发展，提升基础设施建设水平，为当地财政提供数量可观的税收收入。此外，中广核还热心公益慈善，开展公益科普宣传，发起奖教助学计划，积极支持新冠肺炎疫情防控工作，以真情回馈社区。

2. 接续乡村振兴

中广核切实做好巩固拓展脱贫攻坚成果同乡村振兴有效衔接，持续推动脱贫地区经济社会发展和群众生活改善。在脱贫攻坚阶段，积极动员内外部资源和力量，用心、用力、用情开展精准扶贫，助力打赢脱贫攻坚战。在乡村振兴阶段，以更高标准、更大力度、更实举措，全力推动乡村经济社会发展和群众生活改善。从投身特色扶贫开发，到打赢脱贫攻坚战，再到全面振兴乡村，中广核探索形成"党建＋帮扶"、产业帮扶、科技帮扶、生态帮扶、教育帮扶、就业帮扶、消费帮扶和整村帮扶等精准帮扶模式，全力贡献共同富裕目标。

3. 帮助员工成长

中广核是技术密集型企业，高素质专业人才既是企业发展基石，更是实现基业长青的关键所在。中广核坚持"企业发展、人才先行"的方针，把人才培养放在企业发展的优先位置，搭建员工发展平台，完善员工培养体系，畅通员工晋升通道，激励员工向上发展。中广核十分重视员工各项权益，落实薪酬福利，强化民主沟通，关注员工身心健康，平衡工作与生活，关怀特殊员工群体，为员工营造向上、和谐、人性化的职场氛围和身心愉悦、健康安全的工作环境，让企业真正成为员工心之所向的理想港湾。

（四）坚持环境可持续（Environmental Sustainability）

作为全球领先的清洁能源供应商与服务商，中广核主动响应国家重大战略部署，全力服务"双碳"目标，积极推动核、风、光、水等清洁能源发展，促进能源结构低碳转型，减少"三废"排放，保护生物多样性，让绿色成为中广核高质量发展的鲜明底色。

1. 发展清洁能源

中广核打造多元化产业布局，致力发展清洁能源。作为以核能为特色的清洁能源企业，其战略定位、发展方向均与国际能源发展趋势高度契合。中广核积极参与全球能源生产革命，在坚持安全高效发展核电的同时全面推进非核清洁能源业务，以多元化、规模化、可持续的清洁能源产品和服务助力能源转型。中广核充分发挥海上风电先发优势，全力推进新能源大基地建设，在新能源产业发展之路上跑出加速度。同时，中广核推进新能源与氢能、储能等新兴业态融合发展，顺应行业趋势，助推能源体系供给侧结构性改革。

2. 实现降碳减排

作为全球领先的清洁能源供应商与服务商，中广核始终将企业经营发展融入国家大局，结合"双碳"目标，瞄准"三侧"多措并举落实降碳减排工作。在供给侧，积极推动清洁能源发展，从源头减少碳排放；在生产侧，通过加强节能增效技术研发和应用，降低项目运营中的碳排放；在消费侧，满足用户清洁低碳安全高效的用能需求，以清洁能源助力社会低碳发展。此外，中广核严格遵循放射性物质管理的合理可行尽量低（ALARA）原则，全过程管控放射性污染风险，实现最大化循环利用，降低对环境的影响；积极配合国家环境监测，以最严格的标准控制"三废"排放，保障项目周边环境生态安全。

3. 践行生态保护

中广核秉持"三生"理念，积极倡导绿色发展，实现与自然共生、互生、再生。在项目建设和运营过程中，以"友善者"身份将自然环境扰动降至最低，努力实现项目与原生态自然平衡的共生融合；以"参与者"身份带动周边村镇社区发展，努力实现项目与当地资源环境的互生共享和新的更好的生态平衡；以"贡献者"身份提供清洁电力等优质生态产品，努力构建绿色、和谐、繁荣的核电产业链生态圈。绿色低碳发展给中广核带来了环境友好、万物友善，形成"大亚湾核电有白鹭、阳江核电有海豚、宁德核电有茶园、红沿河核电有花海、台山核电有黑耳鸢、风电场有风车花海"的美丽景观，共同构建人与自然和谐共生的大美画卷。

三、一个品牌工程，透明沟通驱动公众认同

公众的期望和诉求，是企业推进社会责任管理的前提和基础。中广核坚持对每一个利益相关方坦诚负责的态度，策划开展多方参与的责任

品牌行动,将责任沟通贯穿日常运营全过程,在"润物细无声"中推进社会责任品牌认同,让公众共赴透明之约、共鉴透明之责、共研透明之道。

搭建多方参与平台。秉承责任透明沟通的理念,中广核打造多元化沟通方式,建立良性互动平台,吸引各界人士共同参与。通过举办"8·7公众开放体验日"、开放科普展厅、参与展会、举办新闻发布会等一系列行动,综合利用互联网、新媒体、展览、讲座、科普活动等线上线下结合的立体渠道,构建与政府、客户、社区、媒体等多元利益相关方深入沟通互动的平台。

贯穿项目全生命周期。聚焦利益相关方核心关切,中广核切实保障利益相关方的知情权,及时披露真实、公正的信息,并抵达利益相关方,将透明沟通融入工程项目全生命周期。尤其是核电领域,充分保障公众对核电机组运行的知情权,以"透明核电"品牌形象争取公众支持,并注重落实利益相关方监督权,创造必要条件让利益相关方以适当的方式与途径,对其经营行为进行批评、建议、监督。

实现责任品牌认同。历经 40 多年可持续发展,中广核在质量安全、科技创新、环境保护、社区参与、人才培养等方面,树立了卓著的品牌形象,夯实了行业地位,有力助推企业高质量发展。长期借助全媒体渠道坚持不懈把品牌推介出去,在清洁能源与公众之间建立起更加密切的沟通和互动关系,使中广核的品牌文化凝聚力和品牌影响力得到稳步提升,收获了广泛的社会认同和行业品牌肯定。

四、一系列管理保障,筑牢社会责任管理基石

中广核将社会责任融入企业文化、融入企业战略、融入组织、融入日常管理,形成领导有力、目标明确、重点突出、执行有方的"四个融入"责任管理保障体系。

第二章 责任之纲，打造 NICER 社会责任管理模式

社会责任融入企业文化。中广核秉承"安全第一、质量第一、追求卓越"的基本原则，履行"想做事、能做事、做成事"的责任担当，深入践行"严慎细实"的工作作风，不断加强企业品牌文化建设，自上而下全员宣贯。在企业品牌文化的引领下，责任理念深入人心，为社会责任管理提供可靠的思想保障。

社会责任融入企业战略。在打造以核能为特色的清洁能源集团，为社会提供安全、环保、经济的绿色电力的战略实施过程中，中广核将保障核安全、扩大影响力、参与社区发展、坚持环境可持续发展作为履行社会责任的重点内容，有效将社会责任与企业战略相结合，为社会责任管理提供行动方向。

社会责任融入组织。中广核发挥集团党委和董事会统一领导的统筹优势，由党群工作部牵头，发动战略规划部、安全质量环保部、人力资源部等10多个部门力量，明确细化社会责任工作职能，督促各成员单位落实有关工作，探索权责明确、上下联动、全面覆盖的社会责任管理机制，为践行企业社会责任提供组织支持。

社会责任融入管理。中广核重视社会责任管理规范制度的建设，通过制定长期规划、固化专项制度、设置评估指标、发布工作指南、编制年度报告和专项报告等方式，促进社会责任管理工作制度化、规范化，形成推进社会责任管理工作的长效机制。

第三章

责任之行,
始终贯穿企业发展成长全过程

在使命引领、透明驱动型社会责任管理之道的指引下，中广核积极推动社会责任管理融入企业发展，在夯实社会责任文化、战略、组织等保障机制的基础上，按照"NICE"的行动框架，深化保障核安全（Nuclear Security）基础，做好能源安全供应；扩大影响力（Influence Expansion），推动企业高质量发展；参与社区发展（Community Engagement），用心回馈当地居民；坚持环境可持续（Environmental Sustainability），共绘生态文明底色。同时，还重点打造责任沟通（Responsibility Communication）品牌工程，与公众共赴透明之约、共鉴透明之责、共研透明之道，增强品牌认同。

总而言之，中广核立足数十载耕耘的责任之源，融汇趋于成熟的责任之纲，推进全面有效的责任之行，担当起"发展清洁能源，造福人类社会"之使命，为企业长青、经济发展和社会进步注入源源不断的动力。

第一节 坚守核安全初心，压实安全责任

我国对核安全高度重视，要求严格落实各环节责任，确保核安全万无一失。作为以核电为主业的中央企业，中广核传承核安全初心，勇担核安全使命，坚守核安全文化，把"核安全高于一切"作为企业对社会及公众最重要的承诺和责任。

从20世纪80年代大亚湾核电站筹建开始，中广核就将核安全放在第一位。在核电工程规划、设计、建设、运行实践中，坚持"安全第一、质量第一、追求卓越"的基本原则，风险导向、纵深防御、主动预防、保守决策，树立安全管理行业标杆，切实保障员工、公众和环境

的安全，承担起国有企业应有的政治责任和社会责任。

一、守护机组安全运行，打造行业安全标杆

中广核持续丰富安全文化，强化安全质量意识，完善安全管理体系，提升安全管理水平，千方百计消除安全隐患，形成了完整的核安全认识、理念、要求、原则与标准。

（一）培育核安全文化，人人都是一道安全屏障

内化于心、外化于行的安全文化氛围是核安全的坚实基础。中广核高度重视核安全文化在安全管理中的重要作用，把核安全作为企业文化建设核心来抓，领导层示范、骨干层推进、全体员工参与，每一个人都致力于"安全第一、质量第一、追求卓越"共同目标，人人都是一道安全屏障。

高层领导率先垂范。中广核把"核安全高于一切"作为高层领导的最高做事信条，任何时候都要将核安全放在第一位。不追求短期经济利益，不把成本的压力通过降低安全、损害工作质量等方式传达给一线员工。注重培养稳健、平衡、谨慎的一把手思维习惯，要求各单位一把手带头宣传安全文化，定期主讲安全质量课，定期主持安全质量会议，定期带头开展现场安全管理检查。

骨干力量层层推进。中广核要求中层管理干部坚持保守决策和诚信透明的原则，不折不扣落实"四个凡事"：凡事有章可循、凡事有人负责、凡事有人监督、凡事有据可查。"四个凡事"对于构建安全管理的组织架构和划分部门职责、接口具有重要意义。与安全有关的每个环节、每个关口、每道工序、每个部分，甚至每个细节，都设置了质量"阀门"，隔绝一切不符合安全、不符合质量要求的行为和产品。

基层班组严格执行。中广核狠抓基层安全标杆班组建设，培养"严慎细实"的工作作风，培养"按程序办事"的行为理念，培养质疑

的工作态度、严谨的工作方法和相互交流的工作习惯,培养员工坚持"自身是最后一道屏障、唯一的一道屏障"的思维,培养"这道屏障击穿就可能造成事故"的意识,千方百计守护核安全。同时,还非常注重作业活动明星自检(STAR)方法的执行。在核电站,任何重大关键路径上的活动都要求一次成功,并把这一要求转化为切切实实的控制手段,STAR 已经成为中广核广大员工熟知并自觉应用的防人因失效工作"宝典"(见图 3-1)。

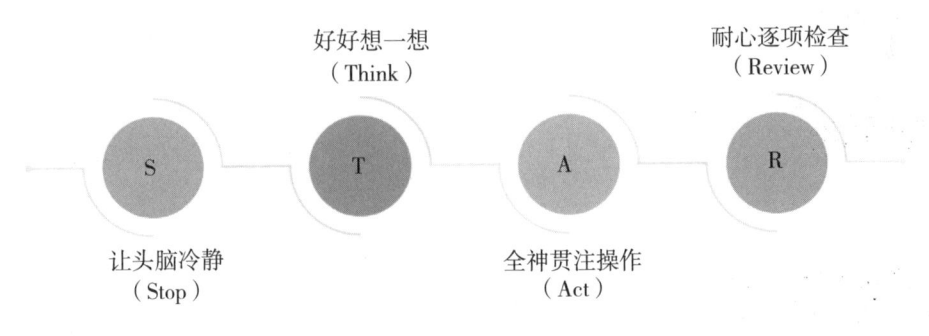

图 3-1 中广核 STAR 自检方法

(二) 完善安全管理体系,夯实安全发展根基

中广核充分借鉴和吸收国际先进的核安全管理理念和经验,构建贯穿于企业生产经营活动、以安全质量为核心的一体化管理体系,将安全责任与安全目标连接起来,实现"人人都是安全屏障"的深层次、精细化、标准化安全管理,并以纵深防御体系为基础,探索建设有效的安全责任组织体系、独立安全监督体系及安全评估体系。

构建五层纵深防御。为了确保核安全,中广核采用了纵深防御的原则,从设备上和措施上提供多层次的重叠保护,主要包括五层防御。纵深防御的每一层防御都对核安全承担重要的作用,中广核对纵深防御的每层防御都给予同等的重视,确保每一层防御足够坚固,相互独立地发挥安全屏障作用，如图3-2所示。

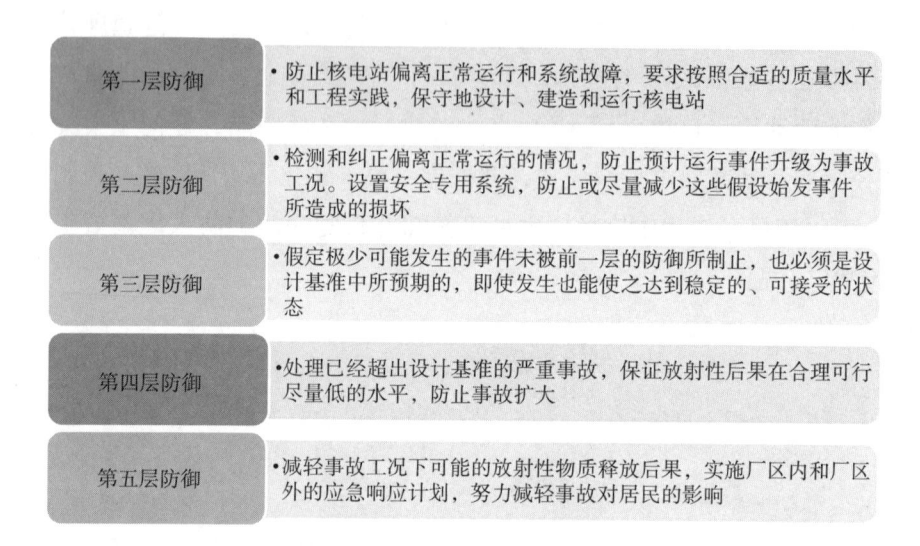

第一层防御	• 防止核电站偏离正常运行和系统故障，要求按照合适的质量水平和工程实践，保守地设计、建造和运行核电站
第二层防御	• 检测和纠正偏离正常运行的情况，防止预计运行事件升级为事故工况。设置安全专用系统，防止或尽量减少这些假设始发事件所造成的损坏
第三层防御	• 假定极少可能发生的事件未被前一层的防御所制止，也必须是设计基准中所预期的，即使发生也能使之达到稳定的、可接受的状态
第四层防御	• 处理已经超出设计基准的严重事故，保证放射性后果在合理可行尽量低的水平，防止事故扩大
第五层防御	• 减轻事故工况下可能的放射性物质释放后果，实施厂区内和厂区外的应急响应计划，努力减轻事故对居民的影响

图3-2 中广核五层纵深防御

管生产必须管安全。围绕如何推动安全管理真正落地，中广核确立了"管生产必须管安全"的基本原则，明确安全的责任在执行者。集团公司、核电股份公司、核电基地公司、专业化技术支持公司、核电站，一直到每位员工，都必须承担相应的核安全责任。在集团公司层面，集团公司承担所有控股核电项目的最终核安全责任，集团公司党委定期听取集团公司和核电股份公司安全管理委员会的报告。集团公司党委书记、董事长和法人代表"三位一体"，承担核安全最终责任。集团公司总经理对集团核安全管理承担领导责任。在核电股份公司层面，核电股份公司是集团核电项目核安全管理的责任主体，核电股份公司董事长是股份公司核安全管理第一责任人，总裁是股份公司核安全管理直接责任人。在核电基地公司层面，作为核电运行持照单位，其对核安全承担全面责任，公司总经理是第一责任人。专业化技术支持公司按照分工要求，承担各自业务范围内的核安全责任。在核电站现场，当班值长承担当值期间的机组核安全管理责任；主控室操纵员承担机组安全监控和操作，是最直接的责任人；核安全工程师承担独立监督和评价责任。

确保安全监督体系独立性。中广核严格遵守国家法律法规，主动接受国家核安全局的监督管理，并邀请世界核运营者协会进行同行评审。根据纵深防御的理念，设置强有力的监督部门，建立严密、独立的安全质保监督体系，通过四道保障确保安全监督组织能够独立、客观地发表自身意见和有效实施"叫停"。在组织保障上，监督部门独立于业务部门，不受其管辖和干扰；在制度保障上，监督部门考评与责任指标设置不能影响其独立性；在渠道保障上，下级监督部门有独立渠道向上级监督部门汇报，上级监督部门有独立手段获取下级单位的相关信息；在上级保障上，公司安全委员会主任由一把手承担，办公室设在监督部门，对本单位一把手负责，同时上级对下级有一定比例的考核权，设立集团独立核安全监督评估中心，多方面确保监督独立性。

时刻准备核应急保障。在国家核事故应急体系框架下，中广核始终按照高标准、严要求推动核应急体系建设，提升快速响应的核应急管理能力。一是建立国家、省（自治区、直辖市）、核电站三级核电应急响应机制，通过了国家核应急委员会、国家核安全局对核电站的应急计划、设施设备、应急人员及其应急处置能力等严格审评。各核电基地建立了以"核应急"为核心的全覆盖的应急预案体系，制定了全面并包含严重事故预防的应急计划，可有效地处置各种突发事件。各核电站全部实施应急组织人员 24 小时应急值班制度，确保应急组织始终处于临战状态。二是建立"一厂事故、全体响应"的应急机制，设置"一个总部＋两个支援基地＋多电厂支援"的架构体系，包括总部应急指挥中心，核应急支援大亚湾基地和阳江基地，其他各核电站的应急支援队。集团总部统一协调全集团的各类资源和各单位应急支援力量，对发生核事故的核电站进行物资、设备、人员、技术等全方位的应急支援。三是常态化组织多频率、实战化、多样化的应急演习，持续提升应急响应和临场处置能力。日本福岛核事故后，中广核建立了"超设计基准"的严重事故管理导则和缓解措施等，进一步提升对极端事件的应急响应能力。

（三）创新安全管理方法，践行安全管理理念

一切按程序办事。中广核所有干部员工，无论职位高低、工种差异，都时刻牢记"红线"意识。这条"红线"就是程序对于各类活动和行为的基本要求，神圣不可逾越。以大亚湾核电站为例，1988年建设期间就参考法国在运核电站，完成了8000多份生产程序的编写。同时，在与中华电力公司合营的过程中，在各个业务领域建立了全面、细致的管理程序。大亚湾核电站的程序体系一开始就融合了法国核电运行经验、中华电力公司的管理精华，并逐步加入了本土经验。迄今为止，大亚湾核电站程序体系（含管理程序、技术程序）已达3万余份，为后续投运的核电站提供了程序母版。

强化设备管理。为推动设备管理一体化运作，建立核电站设备可靠性管理体系和协同机制，中广核一方面建立清晰的设备管理职责体系，在核电股份公司统筹管理的基础上，按照建设、运行、技改的流程，对相关单位进行明确的责任划分。以工程建设阶段为例，由中广核工程公司承担设备质量责任，要求不留后患，既要保证不把"病人"带给核电站，还要把发现的"病人"和治病经验及时反馈到制造和采购端，避免"感染"。另一方面，加强各单位的协同配合，破除设备管理"信息孤岛"，建立全链条经验反馈机制。做好群厂良好实践的分享和推广，打通工程和运营联动的经验反馈机制，推动设备管理、运行、维修、技术支持等专业形成有机整体，建立统一的检测体系及分析和决策流程。对关键敏感设备安排"保健医生"，明确设计、监督建造、运维

的责任人,做到上游对下游负责,各环节对全生命周期设备管理负责。

防止人因失效。中广核在实践中研究推行了一系列防人因失效措施,从源头上构建员工个人良好行为习惯,强化正确行为规范,遏制人因失效"苗头"。一是建立系统化全员培训授权上岗体系。各公司总经理主抓员工技能提升,聘请集团外部考官严格把关关键技术岗位考核,确保每个基地都配备一支合格的"种子队",系统提升人员技能水平。二是开展防人因失效训练。基于防人因失效的科学理论研究,紧扣技能型人因失效、程序型人因失效、知识型人因失效等情景,建成"人因研发和训练中心",专注于防人因失效工具的开发和人员行为规范训练。开发符合核电站特色的人因工具卡、专业行为规范和防人因失效训练场景,并提供人员行为训练服务和核电站安全文化水平及防人因失效专项评估。三是全面推行对承包商的管理。高度重视承包商的技能提升,从严制定承包商培训标准,明确承包商进场工作门槛,引导承包商公司加强人员安全培训和安全体系建设,确保整体安全管理水平提升。

根本原因分析。根本原因分析(Root Cause Analysis,RCA)方法在石油、化工、医疗、制造等领域得到广泛应用,其核心理念是找出整个系统或流程,而不是关注个人执行上的过错和责任,再进行纠正和预防,营造一种重视管理和制度改进的安全文化。2002年以来,中广核建立了基于根本原因分析和纠正行动的经验反馈机制,全面推行根本原因分析法,开展有针对性地纠正和预防行动,防止同类事件的重复发生,提高了核电站的安全可靠性。

> **案例：拯救 0.01 毫米，核安全必须较真**
>
> 　　核电汽轮机检修中最困难的当属汽轮机转动部件和静止部件之间的通流间隙测量和调整，测量精度必须控制在 0.01 毫米以内，稍有偏差就可能产生不可估量的后果。
>
> 　　中广核青年技术骨干郑华兵带领团队最终敲定激光测量汽轮机通流间隙方案。然而，作为一项国内外汽轮机检修领域从未接触过的测量技术，必须先利用大修窗口进行检验。经过沟通，其团队好不容易争取到一次机会，然而激光测量与传统测量结果偏差竟达到 0.5 毫米，实验宣告失败。在随后 1 年多的时间里，郑华兵和其团队争取到 3 次大修的验证机会，进行了 6000 多次实验测量和校核，共采集 5 万多组实验数据。
>
> 　　经过对比确认，激光测量的精度小于 0.01 毫米，充分证明激光测量通流间隙的技术是可行的。此后，郑华兵和其团队继续改进工艺，最终研发出成熟的激光测量汽轮机通流间隙技术，这在国内汽轮机检修领域属于首创并且处于领先水平。
>
> 　　目前，该技术在中广核各核电站已实现大范围运用。汽轮机通流间隙测量及调整的平均时间，由 280 小时大幅缩短至 95 小时，大件起吊作业次数由原来的 24 次减少至 8 次，提升了大修安全水平。

二、保障电力稳定供应，助力能源结构转型

　　中广核把守护能源安全作为政治任务，牢牢把握战略主动，从"增量""增发""增质"三方面着手，全面高质量落实稳电保供任务，为建设美丽中国提供重要保障，为实现"能源保障更加安全有力，能源储备体系更加完善，能源自主供给能力进一步增强"的"十四五"现代能源体系规划目标贡献力量。

第三章 责任之行，始终贯穿企业发展成长全过程

（一）"增量"保供：稳步推进重点工程建设

重点工程项目是实现稳增长、加快可持续发展的重要抓手。在当前我国调整能源结构、提高清洁能源比例的时代背景下，中广核上下紧盯目标，全力以赴、稳步高效推进各项工程建设，加强核电、新能源等供应保障，彰显央企责任担当。

在核电领域，中广核稳妥推进各基地建设，积极安全有序发展核电，为我国由核电大国向核电强国迈进做出贡献。2022年6月23日，辽宁红沿河核电6号机组全面投产，在运总装机容量达671万千瓦，成为目前国内在运装机容量最大的核电站、世界第三大核电站，对有效缓解东北地区阶段性电力短缺、稳定区域电力供应起到"压舱石"作用。广东太平岭核电站作为中国首个生态核电示范项目，按照规划的6台机组建成口径计算，年发电量可达500亿千瓦时，将为粤港澳大湾区经济的可持续发展提供源源不断的清洁能源。

在新能源领域，中广核持续推动新能源大规模开发、高水平消纳，更好发挥新能源保供增供作用。2021年12月11日，国内离岸距离最远、风机基础种类最多的如东H8#海上风电场实现全容量并网，总装机容量30万千瓦，每年可向电网输送电量约9.6亿千瓦时，项目采用世界上最前沿的超高压直流输电技术，为中国深远海风电发展起到重要引领和示范作用。2022年6月29日，中广核内蒙古兴安盟300万千瓦风电项目一期100万千瓦并网发电，标志着我国首个单体百万千瓦级陆上风电基地正式投产，实现我国新能源领域多项行业首创，每年等效满负荷利用小时数可达3058小时，年上网电量超过30亿千瓦时，如图3-3所示。

图3-3 中广核内蒙古兴安盟300万千瓦风电项目一期100万千瓦并网发电

（二）"增发"保供：机组应发尽发、多发满发

能源是国民经济发展的重要支撑，能源安全直接影响国家安全。中广核将电力保供作为重要的政治任务，按照最高等级、最严要求，采取系列措施确保机组多发、稳发、满发，不断挖掘自身供电潜能，为经济社会发展和民生需求提供有力的清洁能源保障。

积极部署，履行保供责任。中广核成立以党委书记、董事长为组长的集团保供专项组，下属各电厂一把手作为电厂保供专项组组长，发布电力保供工作方案，要求各在运基地要按照最高等级、最严要求进行保电。各电厂制定了保供专项工作方案，从风险研判、隐患排查、作业管理、重点活动、新冠肺炎疫情防控、舆情管控、信息安全、反恐安保、应急值班等各方面，对电厂的日常生产活动提出了具体要求，确保在运机组"零非停"，安全稳定、多发满发。

消除隐患，确保稳发满发。中广核各核电站、新能源场站积极强化生产管理，落实保电措施，紧盯机组状态，消除设备隐患，确保在运核电机组"零非停"和新能源项目稳定运行，努力以稳发满发应对我国部分地区电量不足的挑战。各核电站依托群厂防跳机跳堆小组，增加日常机组和设备巡视频次，及时发现处理缺陷和隐患。在保电期间，新能源场站组织开展查找、消除缺陷专项活动，降低机组发生故障的可能性。

优化大修，挖掘供电潜能。中广核立足服务大局，以能源保供为第一要务，结合电网停电检修计划，对大修计划进行优化调整，并加大资源投入，在确保高质量检修的前提下，尽可能缩短工期，确保机组多发电。按照保供有关要求，岭澳核电4号机组、宁德核电1号机组、红沿河核电2号机组在2021年连续推迟大修工期。为尽量减小对电网系统的影响，岭澳核电4号机组在两次推迟大修工期的情况下，通过党建与中心工作深度融合、工艺优化创新等举措，提前近两天完成大修并网发电，工期刷新国内同类型机组10年大修最优记录，为能源保供提供坚实支撑。

> **案例：中广核清洁能源助力北京绿色冬奥**
>
> 2022年2月4日，第二十四届冬季奥林匹克运动会在北京开幕，本届冬奥会遵循"绿色办奥"理念，首次实现场馆绿色电力全覆盖。"绿色冬奥"的背后也有中广核人的身影。
>
> 在河北张家口，中广核建成张北新胜风电场、察北风电场、沽源天鹅湖风电场、尚义风电场、九连城风电场5个项目，总装机容量749兆瓦，年发电量达14.52亿千瓦时，相当于可节约标煤44.29万吨，减少二氧化碳排放129.32万吨，为冬奥期间绿色电力保供提供可靠输出。
>
> 河北张家口首次承办冬奥会雪上项目，中广核成为赛事期间保供"主力军"，默默贡献着自己的力量。在冬奥会开幕前一天，九连城风电场37号风机报故障，中广核员工在第一时间登塔检修。在零下28℃的低温环境下，检修人员脚踩着刺骨的钢板，进入空间狭小的风机轮毂处理故障，细心守护着这些白色风机，确保场站设备安全稳定运行，为冬奥会赛事保驾护航。

(三)"增质"保供:"三化"管理路径创优项目业绩

从单厂单堆到群厂群堆,中广核顺应核电安全运营新形势,在国内首创核电运营管理专业化、标准化、集约化模式,"三化"管理带来了成熟机组保持高端稳定,实现了新机组投产即创优,创造了全球领先的安全运营业绩,如图 3-4 所示。

分工专业化	配置标准化	资源集约化
核电厂交由专业公司负责运营管理,即核电厂的运行、维修、技术等核心业务由专门从事核电厂运营的专业化公司来承担。专业化公司通过统一的规则、标准、方法和要求实现管理标准化,通过资源配置优化实现资源集约化,在确保安全的前提下,以较低的成本实现规模效益,并培育和提高核心竞争力。	基于标准化的流程,采用要求一致的管理政策、制度、流程、方法、工具和标准,建设标准核电厂,建立运营管理标准化体系,从而形成较为一致的价值观和行为模式,为多电站业绩同步提升、成本下降创造了条件。同时,按照先试点总结、再全面推广的方式,对核电运营管理的最佳实践达成共识并予以固化,通过复制予以推广,进行持续反馈和改进。	对核电厂运营相关的资源进行集中管理,搭建集约化运作平台,统筹调配和使用优势资源,提供技术支持和服务,在提升经济性的同时,实现最大程度的人才发展规模效应和技术发展的乘数效应。资源共享既包括人、财、物、产、供、销等核心资源,也包括信息、环保、保安、应急、社区等外围资源,以及适用性良好的技术或知识。

图 3-4 中广核"三化"管理

对标一流推动群厂管理。2012 年,随着进入群厂管理新发展阶段,中广核在集团公司层面专设运营管理部门履行群厂管理职责,组织开展群厂世界核电运营者协会(WANO)业绩对标工作,围绕标准化、专业化、集约化等维度采取科学措施,推动核电运营业绩持续提升。

整合资源做好大修管理。作为中广核专业化运营最成功的管理实践之一,大修管理实现了优质资源的共享、分散需求的整合,提升了市场化意识和服务质量,加快了人才技能提升,发挥了规模效应。2021 年,中广核运营公司共完成 16 次大修,安全、质量整体状态良好,等效百个大修日质量指标事件连年下降,人因内部运营事件(IOE)事件同比下降20%。全年大修平均工期30.8天，换料大修日历天总数556.8天，因维修质量原因导致的停机停堆、退状态、重大设备损坏事件零起。

集中力量管好重大设备。中广核围绕"消缺、提升、价值创造"开展"8+1"重大设备管理，搭建专门的管理平台，建立完备的特征指标体系，开发可视化关键敏感设备可靠性时钟。如今，中广核各核电站重大设备的相关指标整体达到历史最好水平。2021年，中广核各核电站重大设备损坏、重大设备导致的自动停机停堆次数均为零，重大设备导致的强迫损失率为0.02%，应急柴油机WANO-SP5指标100%机组首次进入世界先进水平，群厂重大设备健康状态得到进一步提升。

三、强化工程建设质量，夯实安全发展基础

质量是实现安全的根本，没有质量就没有安全。作为清洁能源国家队的一员，中广核以"行为零违规、质量零缺陷"为目标，高质量建设重点工程，着力提升质量管理，以今天的工程质量保障明日的运行安全。

升级评估标准，提高项目安质环管理水平。国际安全评级系统（International Safety Rating System，ISRS），能够衡量、改进和展示组织的健康、安全、环境及业务绩效等方面的水平，是一个旨在帮助组织管理风险、推进持续改进的评价体系。中广核对照国际安全评级系统（ISRS）最新版本，升级安质环标杆评估标准，进一步强化保护生态环境、维护周边社区及公众利益等要求，并对在建项目开展评估。2021年，中广核各在建项目安质环管理均达到国际先进水平。

研发先进技术，用技术提升工程实体质量。技术是质量提升的保障，中广核在消化吸收国外先进技术的同时，大力推进自主创新，逐步提升新建机组的设备国产化率，实现了自主设备采购与成套能力建设。中广核以核电站整体架构技术为引领，依托各在建项目带动产业链相关企业形成创新联盟，协同开展技术创新，发展壮大一批为核电配套的装

中国广核集团：使命引领、透明驱动型社会责任管理

备和零部件生产企业，为我国全面掌握核岛和常规岛关键设备设计、制造核心技术奠定了坚实基础。同时，持续开展模块化施工、开顶法、自动焊接、综合检测等先进建造技术在核电工程的应用研究，并在"华龙一号"项目有序推进应用，提升工程质量水平。

建立风险清单，落实设备质量管理责任制。中广核联合设备产业链相关企业，牵头组织分析核电机组设备质量现状、以往质量事件、运行机组信息反馈，结合工程建设进度里程碑节点，建立关键设备质量风险清单落实责任制，在设计、制造、施工、调试各阶段，针对关键设备或部件识别质量风险并制定防范措施，明确中广核、制造厂和承包商等各方责任人，具体落实到项目经理、生产责任人、质量责任人，并建立沟通联系方式，每双周报告风险动态状况。根据风险等级优化应对措施，重点关注措施的可行性和有效性，确保各环节得到有效执行，预防重大质量事件的发生。

案例：深入一线解决现场问题，护航核电站安全运营

在中广核各个基地现场，每天都有无数平凡而又可敬的中广核人深耕一线，用工匠精神和默默奉献"守护核安全"。

• 全国劳动模范、"中华技能大奖"获得者周创彬。他专注核电运行和调试领域30余年，深入一线、潜心钻研，多次解决重大技术难题。在岭澳核电站2号机组第一次大修，也是国内核电机组首次完整10年大修中，编写《一回路水压试验》总体运行程序，填补了国内空白。在岭澳核电站二期兴建数字化主控室，在国内首次研发核电站数字化运行程序，解决了我国核电自主运营的核心关键问题。

• "中华技能大奖"获得者王建涛。在核电一线坚守近30年，是我国核电汽轮发电机检修领域的领军人物，填补数十项国际、国内发电

机检修领域空白。岭澳核电站3号发电机投运初期频繁出现发电机转子绝缘低报警，一旦达到停机值会导致核反应堆紧急停堆，他主动请缨主持疑难攻关，研究出国内第一份"DMR碳刷解体检修法"，消除误报警，保障机组长期安全稳定运行。

• "大国工匠"陈永伟。作为核电机组成千上万个仪表的"守护者"，他扎根核电一线13年。他研发的"仪控板卡自动校验装置"，只需在屏幕上点击几下就能自动完成校验，耗时由半个多小时降至3分钟，还避免接仪表、接线出错的概率。这只是他16项智能化创新工具中的一件，这些工具已应用于20余台核电机组，在提高工作效率、减少人员工时投入、降低安全风险等方面发挥显著作用。

第二节 贯彻高质量发展理念，扛起经济责任

贯彻新发展理念关系我国发展全局，推动经济发展质量变革、效率变革、动力变革。中广核坚持完整、准确、全面贯彻新发展理念，将政策要求与企业使命结合，围绕"发展清洁能源，造福人类社会"使命，积极履行经济责任，实现从技术引进到自立自强、从中国制造到中国创造、从国内发展到全球发展的重大跨越和高质量发展。

在40多年的发展过程中，中广核形成"三位一体"的科技创新总体布局，建设具有行业影响力的科技和产业创新高地；加速国际市场布局，深化产业链国际合作，带动"一带一路"沿线国家乃至全球经济社会发展；规范供应商管理与合作，携手供应链共同促进产业发展，带动全产业链高质量发展。

一、引领行业创新，提升主业核心竞争力

中广核作为我国核电发展的主力军，始终将科技创新作为发展的核心竞争力，实施"科技引领、创新驱动"发展战略，科研投入占营业收入比重连年保持在3.4%左右，从科研机制、平台建设、协同创新、人才队伍等方面持续完善科技创新体系，以体制、机制和文化创新助推科技创新，夯实科技创新基础。

深化体制机制改革，激发科研创新"战斗力"。在健全研发体系方面，实施科研体系专项改革，重点优化核能领域科技创新顶层设计，形成涵盖创新技术研发、工程设计研究、运行技术研究的职责清晰、分工明确的研发体系。在加强授权支持方面，实施战略专项"项目制、团队式"运作，公开竞聘遴选项目总指挥，在团队组建、经费使用、激励分配等方面充分授权；与项目总指挥签署合约书，一次性配足科研经费，按照关键里程碑兑现激励与约束，增量激励不纳入工资总额。在优化管理流程方面，按照"管好""放活"的原则，优化科研项目管理流程，减少不必要或不增值的流程环节约40%。

构建高水平研发平台，打造原始创新"策源地"。建设科技创新平台对于中广核实现科技自立自强的意义重大。在研发平台构建方面，中广核拥有两大中心、9个国家级研发平台、多个省部级和集团级研发中心，以及深圳龙岗实验基地等一批科研平台和设施，逐步建立起高水平研发平台体系（见图3-5）。通过统筹优化内部资源，保持与外部创新资源兼容，实现创新要素最大程度的整合，加快打造具有全球影响力的科技原始创新策源地。

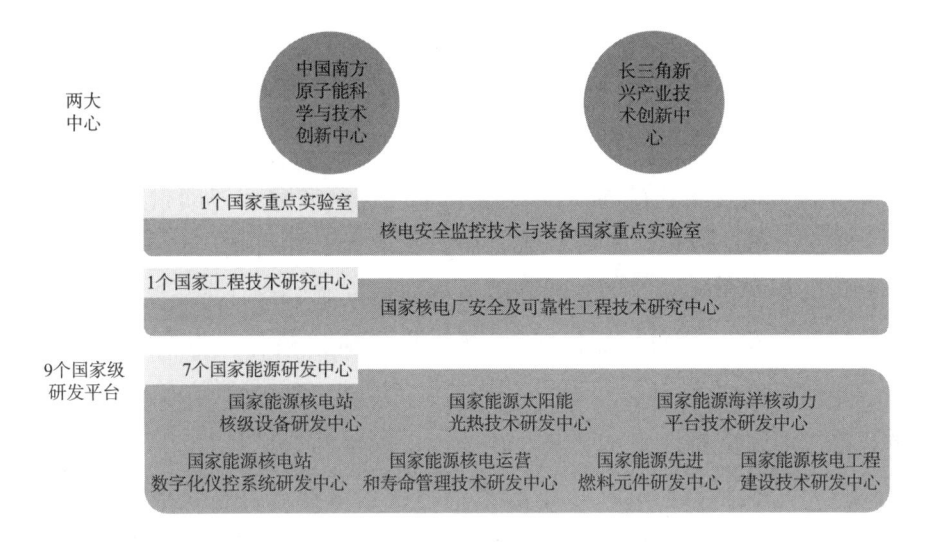

第三章 责任之行，始终贯穿企业发展成长全过程

两大中心	中国南方原子能科学与技术创新中心	长三角新兴产业技术创新中心

	1个国家重点实验室	核电安全监控技术与装备国家重点实验室
	1个国家工程技术研究中心	国家核电厂安全及可靠性工程技术研究中心
9个国家级研发平台	7个国家能源研发中心	国家能源核电站核级设备研发中心　国家能源太阳能光热技术研发中心　国家能源海洋核动力平台技术研发中心 国家能源核电站数字化仪控系统研发中心　国家能源核电运营和寿命管理技术研发中心　国家能源先进燃料元件研发中心　国家能源核电工程建设技术研发中心

图3-5　中广核研发平台体系

完善创新协同机制，整合国内外优势科研资源。中广核贯彻落实"企业是自主创新的主体"要求，高度重视协同创新，以项目为依托牵头建立开放式科技研发平台，联合产业链上下游主要企业成立核电设备国产化联合研发中心，组建创新集群，通过技术融合、联合攻关，在短时间内实现了部分大型锻件、核级泵阀等关键设备自主化与国产化。注重"开门做科研"，与一批国内外企业、研发机构、行业组织和高等院校建立长期合作关系。每年举办中广核与中科院科技研发战略对接会，吸收最新研发成果服务于集团业务发展。

优化激励约束机制，"选用育留"优秀科研人才。中广核在加强科研资金保障的同时，更加强调营造有利于科技创新的人才机制、激励机制和环境文化氛围，发挥人才对创新的决定性作用。首先，多出人才，出好人才，建立高端科研人才发展通道。进一步加强科技人才队伍建设，尤其是专业技术精湛、学术造诣较高的高层次技术骨干人才队伍建设。高端科技人才纳入集团人才荣誉体系，采用"按需设岗、统筹评

59

中国广核集团：使命引领、透明驱动型社会责任管理

聘、分级管理、动态调整"的管理原则，各层次专家岗位任期原则上为3年，根据任期表现"能上能下"。梯次建立中青年专家、资深专家、首席专家、院士的发展通道，科研人员数量约为8900人，形成了一支专业配置完整、在国家和行业层面具有较强影响力的科技人才队伍。其次，多结成果，结好成果，产出一批标志性科技创新技术。"十三五"以来，集团承接了698项国家行业标准制修订任务，2项联合主导国际标准获得发布，承担了70项国家级科研项目，申请专利7605件，专利授权5046件，获得3项中国专利银奖，23项中国专利优秀奖，还获得2项国家科技进步奖及360余项省部级和全国性社团科技奖励。"华龙一号"、"和睦系统"、电子束治污技术等标志性科技成果达到世界先进水平，为我国产业转型升级赋能。最后，多创价值，创好价值，释放科研人员干事创业激情。围绕科研人员的岗位价值、项目价值和成果价值，制定专门的科研人员岗位薪酬激励、研发项目激励、成果转化激励办法，参照国家规定设置提取比例，在成果转化取得净利润后的一定时间范围内，对科研团队实施奖励，旨在鼓励科研人员多参与项目，加速推动科研成果转化和应用，如图3-6所示。

岗位薪酬激励	研发项目激励	成果转化激励
核心是调整科研人员的薪酬结构，实现薪酬基于科研项目的"能增能减"，包括取消岗位津贴，设置科研津贴，科研津贴根据承担的项目和参与的级别进行设置。	结合研究项目的战略价值和难易程度，设置基础奖励额，通过对项目完成质量和完成时间的评价，对参与项目的科研团队进行奖励，推进重大研发任务尽快完成。	科研成果成功实现外部市场转化，在满足中广核战略导向和利润门槛值的前提下，对科研团队实施价值提成奖励。

图3-6 中广核科研人员激励机制

> **案例：潜心钻研，为实现核电关键设备自主化作贡献**
>
> 开展自主创新，高端科技人才是关键。中广核持续加强科技人才队伍建设，鼓励他们肩负起相关专业领域的技术攻关，让科技创新成为推动企业发展的强大引擎，带动核电产业自主化发展。
>
> • 全国向上向善好青年张美玲。她潜心从事核电高端智能装备研发10余载，解决多项核电高端智能装备自主化问题。她与团队完成了国内自主研制的首台大型压水堆核电站技术改进型换料机样机研发，实现换料系统的自主化。她与团队经过反复观察、测试车体的轨迹与重心、胎压等参数，找到合适的算法，实现海生物清理收集机器人22千米/时的自动行驶。她从无到有搭建起核电机器人研发团队，成功研制出10余款核电机器人，对核电安全、智能化运营和"华龙一号""走出去"发挥重要作用。
>
> • 中广核型号首席专家林继铭。他从事核电厂相关工作18年，是曾经"离核反应堆堆芯最近的人"，持续奋战2个多月，最终获得核电新安全系统工程应用的第一手数据，论证新安全系统达到国际领先水平，新安全系统在"华龙一号"得到批量化应用，以更先进的技术助推我国能源绿色低碳转型。他致力于开发更安全、更经济、燃料利用率更高的核能系统，将研究工作重点转向加速器驱动的先进核能系统，这项研究已走到国际最前沿。

二、推动国际化发展，推动构建能源命运共同体

在全球清洁能源行业加速发展的新时代，中广核以"成为国际一流的清洁能源集团"为愿景，深化产业链国际合作，积极在东道国履行社会责任，坚持"稳扎稳打、锲而不舍、相机抉择"，带动"一带一路"沿线国家乃至全球经济社会发展。截至2022年6月底，中广核海

中国广核集团：使命引领、透明驱动型社会责任管理

外业务遍布全球 15 个国家和地区，其中控股 46 个境外新能源项目，在运装机 1307 万千瓦。

深化国际产业链合作，构筑全球市场互利共赢体系。产业链的延伸、转型和升级，大多需要依托广阔的区域和密切的经济合作。中广核按照"循序渐进、风险可控"的原则，将产业链合作视为"一带一路"合作的重要内容，努力构筑互利共赢的产业链合作体系。2019 年 3 月 26 日（法国当地时间），中广核与法国电力集团在巴黎签署深化合作谅解备忘录。2019 年 4 月 3 日（法国当地时间），中广核核技术发展股份有限公司全资子公司中广核达胜加速器技术有限公司与法国 AERIAL 公司签署合作谅解备忘录，共同推动电子束辐照在农业的创新发展及相关项目在中国落地。除中法产业链合作以外，中广核还先后与 20 余个国家的对口企业或政府主管部门签署合作谅解备忘录或合作意向书，涉及中欧、东欧、东南亚、西亚、非洲等国际区域市场。

推进中外跨文化融合，用企业正面形象展示中国形象。由于政治制度、法律、文化、语言、价值观念和宗教信仰等差异，中广核在"走出去"的过程中也曾经历过跨文化冲突和矛盾。融入当地文化，讲好中国故事，展示中国形象，是中广核境外品牌建设的全新挑战。立足不同国家和地区实际情况，中广核采取了不同的策略和方法，借助全球各地主流官方媒体、网络社交媒体、公关传播机构，以及中广核的 Facebook、Twitter、TikTok 等 8 个法国、英国社交账号近 60 万粉丝，生动讲述关于生态环境、减碳减排、气候变化、生物多样性、跨文化融合的故事，鲜明地展现出中国思想、中国价值、中国精神，跨文化融合工作取得积极成效。例如，在中国和巴西跨文化交流中，中广核每两年评选出一组"文化融合大使"，包括一名中方外派员工，一名巴西属地化员工，在共同庆祝两国传统佳节的同时，向大家介绍本国的习俗文化，不断增进中国和巴西两国人民的友谊。

履行东道国社会责任，改善当地社会民生造福民众。中广核持续传递企业公民精神，不仅为东道国提供清洁能源、助力节能减排，还带动当地经济发展和提供就业岗位。在欧洲，中广核新能源截至2022年6月的总装机容量为233.75万千瓦，每年为180多万个欧洲家庭供应清洁电力。在非洲，纳米比亚湖山铀矿是中国在非洲最大的实业投资项目，项目建设期间可提供约4500个就业岗位，生产期间可提供1600个就业岗位，有力带动纳米比亚的出口和GDP增长。此外，积极参与东道国捐资助学、医疗卫生等公益慈善活动，用实际行动解决当地社会民生问题。

> **案例：马来西亚埃德拉助学计划**
>
> 中广核是马来西亚第二大独立发电商，在助力当地经济发展的同时，积极履行"企业公民"社会责任，推动马来西亚教育事业发展。
>
> 当地许多家庭迫于经济压力，会让孩子在五年级辍学，为此马来西亚教育部提出"学前教育至中学教育的入学率要达到100%"的目标。中广核积极响应，主动发起埃德拉助学计划，每年向马来西亚各州电厂所在地周边小学提供助学援助，协助减轻困难家庭负担。同时，还向偏远学校捐助在线教学基础设施，解决学生受新冠肺炎疫情影响居家上网课的实际需求。
>
> 截至2022年6月，埃德拉助学计划已惠及34所学校2.6万名学生，成为当地小学生每年最期待的活动之一。在助力马来西亚发展清洁能源的同时，中广核也为增进当地民生福祉做出贡献，对电厂所在社区产生积极影响，展示了扎根当地、滚动发展的信心及良好的企业形象。

三、协同伙伴共赢，促进能源产业持续发展

产业持续发展有赖于行业携手创造。中广核秉持合作共赢的理念，规范供应商管理，深化产业链协同机制及平台建设，充分发挥上下游企

业优势，构建核电发展生态圈，带动行业协同发展，引领核电产业迈向高端。

（一）加强供应链管理，与供应商共成长

中广核制定《供应商管理办法》，从多个方面规范供应商准入、管控、考核等过程。

加大公开透明采购力度。采取"公平公正、竞争优先的采购策略"，优先使用公开招标采购方式，构建阳光透明的市场竞争环境，充分保障供应商基本权益。依托中广核电子商务平台（E-commerce platform）开展公开询价等竞争性采购方式，采用单一来源采购方式的项目必须在电子商务平台进行公示并接受监督。任何供应商均可在电子商务平台自由注册，提交企业真实信息、通过原件验证后，即可成为潜在供应商，可自由参加中广核公开招标、公开询价项目。

规范供应商寻源和准入。对新引入供应商进行严格的资格审查、原件验证，有效管控供应商品类的供应商数量。在电子商务平台建立智能寻源模块，采购人员根据关键词搜索匹配选择供应商，实现供应商商城智能化推送。制定规范的供应商引入流程，统一评审要求和标准，根据供应商适用场景不同，分为品类资格及项目资格（含招标项目资格）。其中，品类资格适用于对应品类范围内的多次合同采购及框架协议订单采购，项目资格适用于非框架协议的特定采购项目，有效期与对应合同有效期一致。完成供应商招标结果将在全网公示，保障招标工作公开透明。

促进供应商服务能力提升。中广核对首次国产化设备供应商、施工安装承包商，采用委派专职人员驻点、质保监察、业务交流培训等多种形式加强合作，为供应商开展培训，提高供应商质量意识，引导供应商提高其对分包商的质量管理能力。针对战略及星级供应商制定合作优化方案，通过提供支付优化、商务评分、缴费优惠的组合优惠政策，激励供应商提供更加优质的服务，建立互信、互惠关系，实现共赢。牵头成立中广核核电设备国产化联合研发中心，整合国内 70 余家核电设备制造研发单位共同参与，定期召开国产化能力提升交流会，搭建核电设备产业链。

完善供应商履约评价机制。积极落实国家发展改革委信用建设相关文件，发布供应商重点关注名单和黑名单，建立不良行为供应商数据库，供应商不良行为或事件一旦录入电子商务平台，被认定审批生效后，相关记录将不可删除或更改。针对各种不良行为的供应商建立分层分级惩戒机制，在中广核各单位限制或禁止使用，而且还与中国电力企业联合会、核能行业协会实施联合惩戒机制，构建"一处失信、处处受限"的信用惩戒格局。定期开展供应商评价，评价内容包含技术、质量、成本、交付、服务响应、环境保护等方面，通过履约绩效评价形成量化考核结果，优先与评价结果为优秀的供应商建立长期合作伙伴关系，以规范供应商履约行为，营造诚信履约环境。与核心设备及服务的优秀供应商共享库存和需求信息，把相互合作和双赢关系提高到全局性、战略性的高度。做好供应链协同，结合采购品类和范围做好上下游供应商之间常态化沟通机制。

（二）完善产业链协同，带动上下游合作共赢

延伸产业链纵深质量责任，推动供应商对分供方的管控。在合同外制定外发管理程序，针对不同采购质保等级的设备和部件，从采购管理、质量保证要求、质量控制要求和文件提交要求等方面，制定针对供应商对分供方的具体管控要求。优化和细化管理要求，将分包商管理落实情况和设备到货款支付挂钩。

提升产业链质保协同能力，加强产业链供应商质保队伍建设。一是"讲给他听"，通过专项质保培训，规范产业链质保工作流程和要求，提高质保人员发现问题、分析问题和解决问题的能力。二是"做给他

看",整合产业链质保资源,对分供方开展联合监督监察,通过实践强化质保工作流程和要求。三是"看着他干",建立产业链质保队伍长效合作机制,促进整个产业链质量管理水平的持续提升。

结合不同设备防异物特点,以风险为导向实施质量过程控制。通过建立合同条款约束,在产业链中建立供应商异物问题追责机制。协助产业链识别制造阶段异物风险点并落实到制造厂工艺文件中,制定针对性风险防范措施,将设备防异物责任落实到人,形成关键设备防异物责任清单。监督导则中细化对防异物的检查要求,将防异物检查落实到制造工序。针对蒸发器、发电机等重点设备,与制造厂共同制定异物风险识别、防异物措施及检验方法,利用增设见证点、巡检等手段推动防异物措施落实。

开展产业链标杆班组建设,以质量绩效引导设备质量管理提升。每年组织供应商标杆班组评选,重点推动高风险和较薄弱的基层作业班组开展班组建设活动。每年制定产业链班组建设专项激励方案,通过年度评选,对产业链中获得"标杆班组""优秀班组""进步班组"称号的班组进行定向激励,激励落实到班组中的每一个成员,极大地促进了产业链基层班组的工作质量。

第三节 秉承造福人类社会使命,践行社区责任

新发展理念中的"共享"是对新时代中国特色社会主义面临现实问题的理论回应,也是中广核参与区域和地方发展,接续推进乡村振兴,带动周边地区实现共同富裕,实现人的全面发展的实践指向。

按照"建好一个项目、带动一地经济、造福一方人民"的社区带动模式,中广核始终如一地坚守企业使命,践行"安邻、友邻、暖邻"

3N理念，拉动产业投资，创造就业岗位，贡献当地税收，促进员工成长，用真情开展公众沟通，用真心回馈国家和社会，争当优秀企业公民。

一、共建和谐社区，造福一方人民

企业与社区就像树与土的关系，互为依存。中广核发挥清洁能源优势，支持区域发展战略，完善基础设施建设，带动当地企业和产业链发展，实现社区、企业与居民之间的"三赢"。

发挥专业优势，融入区域经济发展。充分发挥专业优势和产业带动作用，不断深化开放合作，用经济、安全、清洁的能源支持粤港澳大湾区、京津冀、长三角、北部湾等区域快速发展，助力区域发展战略的实现。在粤港澳大湾区，大亚湾核电基地肩负着粤港经济发展的特殊历史使命，截至2022年3月31日，大亚湾核电站已持续安全运行28年，累计上网电量4021亿千瓦时，其中对香港供电累计达2893亿千瓦时。大亚湾核电站每年为香港供电超过100亿千瓦时，占香港总用电量的1/4，为满足香港电力供应、改善能源结构发挥了积极作用。在京津冀地区，中广核成功研制出我国首个具有自主知识产权的核级数字化仪控平台"和睦系统"，实现核电站"神经中枢"中国造，并先后在工业抗震保护系统、核级冷水机组控制保护系统、汽轮机控制系统等领域取得重大进展，实现工程应用，带动当地产业高质量发展与当地经济增长。在长三角地区，致力于以电子加速器为核心技术的核技术应用产业的发展，已成为国内型号最全的高中低能电子加速器供应商、产能规模最大的电子加速器辐照加工服务商和国内领先的光伏线缆等辐照交联高分子材料生产商，有效推动了环保应用、轮胎预硫化、辐照固化、软饮料包装在线灭菌、新材料制备等电子束应用新兴产业的发展。在北部湾经济区，防城港核电站大力开发清洁能源助力地区经济发展，填补了广西无核电项目的空白，截至 2022 年 6 月，一期工程累计上网电量约 926 亿千瓦时，2021 年上网电量 170.5 亿千瓦时，约占广西当年全社会用电量的 8.1%。防城港核电厂一、二期工程建成后，每年可为北部湾经济区提供 315 亿千瓦时安全、清洁、经济的电力，将有力促进广西社会经济发展。

携手社区共建，完善基础设施建设。中广核在为当地社区提供清洁能源的同时，努力改善社区基础设施条件，构建和谐社区关系。大亚湾核电成立社区基金，主要用于深圳鹏城、岭澳社区及大坑村等居民区内部道路、小区供排水系统、绿化、老人活动中心等基础设施建设；红沿河核电基地建立了"一对一村企联系机制"，积极支持项目周边社区基础设施建设；阳江核电基地等单位每年以项目形式投入专项资金，极大完善了当地社区基础设施。

带动经济增长，为当地居民提供就业。中广核将每个项目建设视为与社区共享发展的机遇，根据项目需求为社区居民提供就业机会。浙江三澳核电通过就业本地化工作机制和用工供需清单制，为当地提供就业岗位超 1800 个。中广核新能源公司在内蒙古建设清洁能源产业帮扶大项目，总投资 184 亿元，工程建设及后期投产可直接创造就业岗位超 1500 个，20 年运营周期将对当地税收贡献达 52 亿元，带动产业链投资近百亿元。

助力抗击新冠肺炎疫情，与各方同舟共济。面对新冠肺炎疫情，中广核按照"坚定信心、同舟共济、科学防治、精准施策"的总原则，构建疫情防控"一盘棋格局"。疫情期间，中广核发挥电子束辐照灭菌技术优势，累计为 4200 万件防疫物资提供免费灭菌服务，有力支持国内防疫物资供给。一是打赢国内新冠肺炎疫情防控阻击战，在扎实做好自身疫情防控的同时，坚守主责主业服务经济社会发展大局，全力以赴发好每一度电。密切关注疫情重点地区紧张态势，配送紧缺物资，做好驰援保障。2022年3月,深圳新冠肺炎疫情突袭而至,中广核第一时间响应政府号召,半天时间组建起18人青年突击队,在14天里为3000多户人家上门核实信息,为封控区居民运送1.5（1斤=0.5千克）万斤蔬菜,在大战大考中彰显中广核青年责任与担当。二是落实境外疫情防控要求,中广核境外单位结合项目生产运营的实际情况,成立疫情防控工作小组,因地制宜制定"抗疫情、保生产"疫情防控方案。编制大亚湾核电基地《新型冠状病毒感染的肺炎防控指引手册》并推广至世界核电同行,积极贡献国内抗疫经验,为世界核电防疫贡献力量。助力周边社区弱势群体和家庭共同渡过疫情难关,以中广核能源国际公司所属埃德拉公司为例,仅2020年就向周边社区520个生活困难家庭提供生活必需品,为180个经营困难个体经营者提供帮扶资金。

二、推进乡村振兴,共建美好生活

中广核充分发挥央企"国家队""主力军"作用,发挥产业、技术、人才等优势,因地制宜为帮扶地区打造特色帮扶模式,重点围绕产业振兴、生态振兴、人才振兴等方面开展乡村振兴行动,全面助力帮扶村走好乡村振兴起步之路。

（一）产业振兴,写好兴旺"融合"诀

自从2002年国务院将广西凌云县、乐业县确定为国家扶贫重点县开始,中广核结合自身优势和地方资源禀赋,精耕细作20年,成功为凌云县、乐业县打造产业链市场化帮扶模式,促进第一、二、三产业融合发展,帮助当地老百姓脱贫致富奔小康。

凌云县属于后发展欠发达地区,区位条件不佳,基础设施落后。中广核引导凌云县大力发展种桑养蚕产业,逐步构建"桑叶喂蚕—蚕茧制丝—桑葚鲜采—桑果制酒—桑枝育菌—菌渣、蚕沙变肥"的循环产业链,帮助全县创造超过2.2亿元蚕茧产值,积极打造桑旅融合新形态，让村民吃上"旅游饭"。2020年5月9日，在中广核持续多年的定点帮扶下，凌云县顺利获批退出贫困县序列。

乐业县山高路远、交通不便，产业基础薄弱，能源供应不足。中广核援建乐业有机肥项目和百色电子束保鲜项目，补齐并延伸国家地理标志产品红心猕猴桃产业链，向上游打造"农业废弃物＋有机肥料＋绿色农业种植"的生态循环模式，向下游完善地区"果蔬保鲜—冷链物流—销售"的产业链，推动产业融合发展（见图3-7）。2020年11月20日，广西壮族自治区人民政府批准乐业县退出贫困县序列。

图3-7 挂职干部与村民一起为援建产业园内的猕猴桃树授粉、绑枝

（二）生态振兴，激活乡村"绿色动能"

中广核充分发挥清洁能源领域优势，创新探索生态帮扶模式，创造

"绿色财富",实现经济发展与环境保护双赢。

作为中广核因地制宜为当地量身定制的产业扶贫项目,广西乐业风电扶贫示范项目以稳固乐业县脱贫成效、推动乡村振兴战略实施为目标,给乐业县63个贫困村带来收益分红,直接受益人口约11万人。在投资建设风电项目打造"风车花海"(见图3-8和图3-9)的同时,中广核还同步引导当地发展养蜂和旅游产业,让村民走上致富之路。

图3-8 中广核在乐业县全达村建设的"风车花海"成旅游打卡点(a)

图3-9 中广核在乐业县全达村建设的"风车花海"成旅游打卡点(b)

2021年，中广核与凌云县签订以森林经营类碳汇为主的林业碳汇合作协议，垫付前期开发费用，无偿帮助凌云县开发林业碳汇资源，用于全国碳排放权交易，其交易产生净收益全部归凌云县所有。中广核以市场化方式实现环境生态产品价值，探索建立一种长效稳定的乡村振兴帮扶机制。以凌云县100万亩（1亩≈666平方米）可开发林地来估算，每年产生碳汇资产价值约为200万~300万元。项目推进期间，中广核全面深入调研凌云县林业资源，主动发挥专业优势，进一步探索乡村振兴与"双碳目标"有效结合的具有中广核特色的生态振兴新路径。

（三）人才振兴，"扶志""扶智""扶技"

中广核积极推进"巩固""拓展"双路径，搭建"志愿""公益"双平台，以振兴乡村教育，赋能乡村振兴。重点打造"白鹭班"教育帮扶品牌，内引外联、凝聚力量，"扶志、扶智、扶技"相结合，降低贫困代际传递可能性，走好人才振兴之路。"扶志"，鼓励孩子有梦、追梦、圆梦。为了鼓励"白鹭班"的学生勇于树立梦想，激励大家为梦想而努力学习、提升自我，帮助他们实现"德智体美劳"全面发展，中广核通过实施"圆梦计划"，从学校、家庭、自我成长三个层面，设置成绩、纪律、品德、劳动、习惯、兴趣等维度，采用积分制综合考察勇于追梦的学生，引导和鼓励学生努力学习、提升自我、养成良好习惯。"圆梦计划"将自立教育、兴趣教育、品德教育、习惯教育、劳动教育等融入整个计划的全过程，致力于汇聚学校、家庭与社会的力量，共同帮助学生成长。

"扶智"，帮助孩子享受更优教育资源。中广核通过"白鹭大讲堂""民族文化课堂""白鹭夏令营"及英语支教、技能培训课等形式，全面提升学生的思想品德和文化水平，致力于培养少数民族家庭勤劳致富顶梁柱。与此同时，建立教学考核激励机制，对表现优秀的教师、学生进行奖励，面向学校管理层和任课老师设置"育才奖""园丁奖""薪火奖",面向学生定期评比表彰优秀者和进步者,对考上国家重点院校的高三优秀毕业生继续予以资助;主动将中广核200余门实用视频课程共享给学校,并强化对"白鹭班"教师的培训,邀请其参加深圳的培训工作会议。截至2022年6月底,在全国5个省(自治区、直辖市),中广核开办了18个教育帮扶"白鹭班",覆盖小学、初中和高中,为乡村孩子搭建"出山路",一批又一批长大的孩子们正努力靠近梦想,走向山外的广阔天地。

"扶技",培训孩子掌握就业一技之长。"就业是最大的民生","两不愁三保障"需要以稳定的收入为基础,需要以稳定的就业作保证。中广核立足帮扶地区当地的资源开展职业技能培训,面向"白鹭班"高一和高二学生开展职业技能培训,累计数百名学生参加了职业技能鉴定考核,取得国家职业技能鉴定证书,帮助困难家庭学生获得专长,让一技之长成为打不破的"金饭碗"。

三、助力员工成长,实现自我价值

(一)尊重员工权益,构建和谐稳定的劳动关系

中广核尊重并充分保障员工公平就业、劳有所得、民主沟通等各项合法权益,积极构建和谐稳定的劳动关系。

坚持多元化雇用,提供平等就业及发展机会。严格遵守《中华人民共和国劳动法》《中华人民共和国劳动合同法》等法律法规及境外用工的劳工政策,坚持公开、公平、公正的雇用原则,为不同国籍、种族、性别、年龄、宗教和文化背景的员工提供平等的就业及职业发展机会,禁止雇用童工或强迫劳动等非法劳工行为,致力于构建平等、包容的组织环境,吸引和凝聚卓越人才。

坚持本地化雇用,尊重当地宗教和文化习俗。在海外项目管理中,充分接受并尊重项目所在地的宗教和文化习俗,促使跨文化背景的多样

性助力企业和谐发展。其中，中广核欧洲能源公司拥有超过 15 个国籍的员工，并签订促进残疾人工作的协议；中广核铀业斯科有限公司坚持平等雇用，2020—2022 年连续三年获得纳米比亚劳工部平权证书。

坚持民主管理，落实员工职权与切身利益。编制《中广核民主管理标准化工作手册》，将民主管理的流程具体化、标准化、可操作化；持续完善集团职工代表大会制度，编制《中广核职工代表大会操作指引》，规范各公司职代会组织流程和规定动作，落实大会各项职权，保证涉及职工切身利益的重大事项实现 100% 上会、职工提案实现 100% 有进展，促进企业决策民主、利益关系公平公正、职工团结和谐。

（二）关注员工发展，制订系统培养计划与方案

中广核强调，人才培养必须突出重点，要把更多的资源用于关键和紧缺人才培养，并为紧缺人才、关键人才培养量身定制的系统性的培养计划与培养方案。在运行领域，注重标准化培养体系建设；在科研领域，倡导"与科研项目同步谋划、同步培养"的科研人才培养方式；在管理人才、后备干部培养方面，打造富有特色的"白鹭计划""红鹭计划""鹭越重洋"等培养计划。

技术人才培养，"外培内传"提升专业技能。高素质的核电站运行人才队伍是核电安全的重要保证。在大亚湾核电站建设时期，中广核于 1989 年、1990 年相继选派 110 多人分三批前往法国、英国学习，人均培训费达 130 万法郎。这批被称为"黄金人"的骨干，克服语言、学习、生活等重重困难，跟着国外同行一对一进行"影子培训"，成为一个时期中广核和我国核电事业发展壮大的中流砥柱。除了巨资培养"黄金人"外，中广核还与法国、南非、韩国等 10 多个核电站建立了姊妹核电站关系，与法国高等技术学院建立人才培养合作关系，并向世界核电营运者协会（WANO）常年派遣技术人员参加专家评审工作，使核电人才在管理理念、专业技术、操作方法上始终与国际接轨。大亚

湾核电站投产后，中广核重金聘请众多外国专家，实行"外培"。在外国专家的"传帮带"下，中方人员抓紧"干中学"和"学中干"，推动员工尽快掌握核电站相关专业知识和管理知识。从 1994 年开始，中广核实现了核电站操纵员的自主培养，目前具备每年培养 550 名操纵员的能力，完全可以满足本企业的安全稳定发展需要。

> **案例：严慎细实，铸就检修工匠**
>
> 崔利是中广核运营公司的工程师，面对技术难题，他有着自己的一套方法——梳理难题痛点、理解维修特点、掌握工作原理，最后实事求是地融入工作中。
>
> 某机组气机房闭式冷却水泵曾多次发生机械密封失效问题，每次处理的结果却总不尽如人意。"会不会是以往的方法思路不对？"崔利翻阅着以往的技术报告，一个大胆的想法冒了出来——故障另有玄机，与机械密封无关！通过反复尝试，崔利运用空扣泵盖这一新工艺进行排查，成功发现泵盖与泵壳密封面存在塌边缺口这一隐秘缺陷，而泵壳密封面则是与机械密封"打配合"的部件，因此之前才让机械密封"背锅"。随后，崔利带领着项目组采用微弧焊和金属修补剂对缺口部位进行双重修复，彻底消除了问题。
>
> 回归现场、回溯原理，善于鉴别、勇于借鉴。投身水泵检修一线 20 多年来，崔利始终践行着"严慎细实"的工作作风，于 2021 年被授予"全国技术能手"称号。

管理人才培养，"白鹭计划"为职业发展蓄力。为实现"又好又快"发展，中广核精心打造了系统化的管理人才培养体系，形成了技术人才、管理人才"双翼齐飞"的人才培养格局。新员工和各层级新任管理者在转型期都会有"痛点"和"难点"，结合各层级管理人员的核心素质能力模型，中广核设计实施了一系列经营管理者系统化培养项目，命名为"白鹭计划"。计划分四个阶段实施，包括"破壳计划"，新员工转型培养项目；"助跑计划"，新任基层管理者培养项目；"展翅计划"，新任中层管理者培养项目；"翱翔计划"，新任高层管理者培养项目。近年来，中广核进一步拓展了"白鹭计划"，开发了白鹭"启翔计划""飞翔计划"，积极培养后备管理干部。这套管理者培养计划，覆盖了各层级、各阶段，形成了体系化、标准化的培养路径，曾获得中央企业高管培训体系建设"特色实践最佳奖"。截至2022年6月，"白鹭计划"累计培养各级管理者近2000名，许多学员已经走上了关键的领导岗位。

国际化人才培养，"鹭越重洋"为全球布局助力。基于未来海外业务需要，中广核坚持内生与外聘相结合、速成和储备相结合、学习与实践相结合、统筹与分散相结合的原则，制订了国际化人才需求计划，设计了国际化人才系列培养项目——"鹭越重洋计划"，包括国际化人才高管班、定向班、储备班、实战班和文化融合班。"高管班"推动集团高管层培养国际化视野，每年定期组织高管赴海外一线，围绕能源发展、核电建设、目标国政策等进行学习。"定向班"针对正在从事或预备从事国际业务的骨干人员，重在培养跨文化沟通的基本意识和技巧，掌握海外业务技巧，塑造国际化职业形象等。"储备班"侧重选拔优秀青年人才参加外派的储备班培养，经历筛选、脱产语言学习、海外学校申请、海外求学，进入海外人才储备库，按照海外公司岗位需要，调派任用。"实战班"针对即将赴海外工作的骨干人员，以在海外大型企业挂职锻炼为主要培养方式，打造"速成型"的国际化人才。"文化融合班"打造适用于国外分支机构外籍管理者的企业文化课程，通过送课上门，加强企业文化的传播和认同。

党建人才培养，"红鹭计划"为企业强根固魂。"红鹭计划"是中广核党员领导干部"强根固魂"系列培养项目,重在持续推进和提升党建工作的科学化、规范化和标准化建设,服务党建工作"三基"建设。"红鹭计划"以应用为主旨,以实效为目标,不断创新培训模式,综合采用课堂教学、红色拓展、案例教学、情景模拟、主题演讲、现场教学等培训形式,构建全景式教学。同时,该计划积极拓展培训渠道,与江西干部学院、古田干部学院等党性教育基地合作成立培训基地,形成了"中广核党校+成员公司党群部门+党性教育基地"三位一体的培训网络。

(三)增进员工关怀,提升企业凝聚力和向心力

中广核切实解决基层员工的困难事和烦心事,满足员工改善生活、获取知识、健康运动等需求,对海外员工给予关爱和温暖,增强广大员工的获得感、幸福感、安全感。

改善工作条件,为基层一线员工减负。围绕员工实际需要,开展一线员工的关怀活动,让员工感受到大家庭的温暖。针对一线员工劳动强度较大的问题,中广核将"推进大修生产方式换代,组织实施工艺改进和创新,减轻一线人员劳动强度,降低安全质量风险"作为重点活动,完成数十项创新工艺,并在核电大修工作中应用,切实减轻一线劳动强度,受到员工广泛好评。针对项目新能源项目一线员工吃饭难、沐浴难、锻炼难、买菜难的问题,中广核利用场站现有条件,开展小厨房、小浴室、小文体室、小菜园"四小建设",实现280余家在运场站应配尽配,员工精神状态焕然一新,员工满意度进一步提升。

关注身心健康,构建员工幸福职场。推动各成员公司设立"健康管理工作委员会",持续开展健康体检、健康关爱、心理咨询等活动,全方位守护员工身心健康。在身体健康方面,持续开展职业病防治、健康体检、健康讲座、文体活动、健康关爱等行动。2021年中广核工程惠州核电项目结合"我为群众办实事"实践活动,为一线员工采购了

中国广核集团：使命引领、透明驱动型社会责任管理

一批防晒喷雾，设置 19 个"爱心防晒喷雾使用区域"，方便全员使用。在心理健康方面，长期开展员工帮助计划（Employee Assistance Program，EAP），开通 24 小时免费心理咨询热线，聘请外部资深心理咨询师为员工增加心理能量。同时，积极开展职工心理健康状况调查，采取由领导与职工逐一面谈的方式进行沟通和疏导，缓解和释放职工心理压力，增强职场幸福感。2020 年 10 月，中广核入选首批"健康中国企业行动"试点企业。

善待员工家属，关爱员工家庭生活。通过组织夏令营、冬令营等活动积极关心关爱员工子女成长，是中广核员工家庭生活关怀行动的重点。2022 年，由中广核联合工会、中广核团委联合倡导，中广核集团公司联合中广核运营、中广核工程、中广核研究院、大亚湾核电、中广核新能源、中广核能源国际等成员公司，共同举办"核宝总动员，玩转科普季"职工子女暑期清洁能源科普夏令营，寓教于乐的方式不仅让孩子们了解清洁能源有关科普知识，还深入体验爸爸妈妈的工作与生活。中广核防城港核电站为春节大修值守员工开展员工子女冬令营活动，专门聘请多名经验丰富的老师进行看护，合理排课，带领孩子们学习、做游戏、讲故事、学唱歌、画画等，让每个孩子都能融入丰富多彩的活动中来，感受"家"的温馨。而且，还安排了核电展厅参观、消防知识大课堂等环节，在孩子们心中种下梦想的种子。

心系海外员工，营造和谐温馨氛围。围绕丰富业余生活、提升团队凝聚力等目标，中广核结合线上线下方式，持续开展技能竞赛、读书分享、球赛、亲子游戏等丰富多彩的文化活动，倡导海外员工劳逸结合、健康快乐工作。2021 年，中广核统筹协调中广核运营、中广核能源国际、中广核铀业等主要海外业务平台公司，分别开展外派员工中秋"云联欢"活动，以视频连线的方式让外派员工及家属相聚"云端"，共庆团圆时刻。在主要节假日期间，中广核还时常对外派员

工的国内家属代表进行座谈慰问，营造和谐温暖的中广核大家庭氛围。此外，中广核通过举办"网上运动会"等方式，利用"钉钉"直播现场赛况，引导广大员工尽量居家活动，减少聚集聚会，降低新冠肺炎疫情风险。

第四节 坚持绿色低碳发展道路，恪守环境责任

发展清洁能源，是建设美丽中国的必然要求，是中广核的初心使命，更是其践行绿色发展理念、贡献"双碳"目标的立足点和出发点。低碳绿色发展代表了公众要求减碳减排、治理污染、调节能源结构等公共诉求，是中广核履行"友邻"责任的重要路径。

中广核积极响应"双碳"目标号召，从共生、互生、再生的"三生"理念出发，善用自然的能量，致力于生产和供应"零碳"清洁能源，提升能源利用效率，积极节约与保护水资源，完善放射性废弃物处理机制，确保核电站运营给周边环境不会带来影响，将生物多样性保护纳入发展战略，努力实现与周边自然环境和谐共生。

一、发展清洁能源，争当"双碳"排头兵

为实现国家"双碳"目标，中广核以生态核电理念为指引，发挥清洁能源企业优势，通过建设生态核电、海陆风电、光伏发电，安全高效发展清洁能源，助力全球能源结构向清洁、低碳转型，以可持续的方式为应对全球气候变化、践行"双碳"目标贡献力量。

践行"生态核电"理念，做强做大主责主业。中广核认为，核电作为"友善者"，要在保持原生态自然平衡的基础上，主动将对自然生态的负面扰动降至最低，与其共生融合；核电作为"参与者"，通过项

目建设带动周边村镇发展，与自然生态良性交互，追求更好的生态平衡，实现与自然生态的互生共享；核电作为"贡献者"，通过提供清洁电力能源等优质的生态产品及生态环境保护实践，实现自然生态的价值再生。

> **案例：构建绿色、和谐、繁荣的惠州核电生态圈**
>
> 在地方政府的大力支持下，中广核制订《惠州生态核电规划》，以及以"三生四层"为核心的惠州生态核电建设方案，指导广东太平岭核电建设，具有积极的示范效应。
>
> 惠州生态核电规划方案聚焦绿色电站、绿色生产、绿色产品、绿色生活四个绿色发展目标，采取包括空间布局、生产技术、自然环境、人居生活、社会人文、"核电＋"经济圈六大生态化重点举措。"三生"是指共生、互生和再生的发展理念，明确项目与周边自然、经济和社会人文发展的关系。"四层"则从空间上勾勒出太平岭核电与所在区域相互作用的地理范围：第一层是核电站核心区；第二层是紧密层，即惠州稔平半岛；第三层是关联层，覆盖惠州市和深汕合作区；第四层是扩展层，延伸至粤港澳大湾区。
>
> 惠州核电作为生态平台，引导各方利益相关者找到合作共赢的最大公约数，最终构建绿色、和谐、繁荣的惠州核电生态圈。

善用自然的能量，发力非核清洁能源。在做好核能产业的基础上，中广核致力于风能、太阳能、生物质能等非核清洁能源发展。首先，积极开展陆上、海上风电，发挥风能良好的经济效益和环保效益。2022年6月，我国首个单体百万千瓦级陆上风电基地——中广核内蒙古兴安盟300万千瓦风电一期100万千瓦项目正式投产，每年等效满负荷利用小时数可达3058小时，年上网电量超过30亿千瓦时，每年可节约使用标准煤超过 92 万吨，减少二氧化碳排放近 250 万吨。2021 年年底，国内离岸距离最远、风机基础种类最多的中广核如东 H8#海上风电场实现全容量并网，经亚洲首个海上柔性直流输电系统向电网源源不断输送清洁能源，投运后年上网电量可达 95984 万千瓦时，相当于 30 万家庭一年用电需要，每年可减少标准煤消耗约 29.6 万吨，减少二氧化碳排放 65 万吨，节约淡水约 283.8 万立方米。其次，大力开发安全可靠、无污染、不会枯竭的太阳能发电。中广核首个"一带一路"沿线绿地开发项目——50 兆瓦吉打大型太阳能电站，是马来西亚目前最大的太阳能电站之一，电站每月平均发电量为 6000 兆瓦时，全年减少 5.4 万吨二氧化碳排放。最后，充分利用废弃生物质能，减少碳排放，实现资源综合利用。中广核在内蒙古兴安盟开展全国首个大规模应用"干湿耦合发酵工艺"的生物天然气项目——中广核突泉项目，项目采用先进的"混合原料干湿耦合厌氧发酵工艺"模式，为生物质能的清洁利用提供了可行方案。

布局"光伏+"业态，参与沙漠生态治理。中广核将最先进的光伏发电技术用在治沙领域，通过"板上发电、板下种植、板间养殖"的立体化新型产业循环方案，打造"种树+种草+养殖+发电+帮扶"一体的生态光伏产业模式，既解决周边民用燃料缺乏的问题，还保护和增加人工植被覆盖率，走出一条兼具生态效益、经济效益及社会效益的"治沙"之路。截至 2022 年 6 月，中广核在内蒙古鄂尔多斯高原脊线北部的库布齐沙漠，建成 5 座光伏电站，在运总装机容量达 62 万千瓦，不但每年贡献 12 亿千瓦时度绿色电力，还让近 3 万亩"黄沙"变"绿洲"（见图 3-10）。在项目的选址、论证、建设、运维全过程中，贯彻绿色、生态、环保的理念，对当地植被、动物起到了保护作用，沙漠生态已逐步改善。还推动了沙漠清洁能源经济、沙漠生态治理、沙漠有机农业等多产业融合发展，有效推动内蒙古新能源产业高质量发展、促进全国先进光伏技术产品应用和产业升级。

图3-10 中广核内蒙古库布齐沙漠光伏项目

二、持续降碳减排，助力行业绿色转型

在"双碳"目标的指引下，中广核积极履行央企降碳减排的使命，推进节能降耗，节约并保护水资源，强化环境监测，构建系统高效的放射性废弃物控制与处理机制，为助力行业绿色转型建设贡献力量。

（一）降低碳排放，全力服务"双碳"目标

"十四五"是碳达峰的关键期、窗口期，以推动能源绿色低碳发展为关键。作为全球领先的清洁能源供应商与服务商，中广核主动将企业经营发展融入国家大局，不仅在供给侧大力发展清洁能源项目，减少碳源头排放，而且还在生产侧、消费侧持续发力，努力为实现"双碳"目标作贡献。

在供给侧，推动低碳清洁能源发展，高质量发展核电，加快发展新能源，从源头减少碳排放。中广核已成为中国最大、全球第三大的核电企业，截至2022年6月，中广核在运机组26台，装机容量2938万千瓦，中国大陆占比53%；在建机组6台，装机容量718万千瓦，中国大陆占比33%。同时，中广核将新能源作为重要支柱产业，截至2022年6月，国内新能源控股在运装机2834万千瓦，海外新能源控股在运装机1307万千瓦，累计为全国29个省份及全球15个国家和地区提供清洁能源。

在生产侧，加强节能管理、节能改造、绿色办公，研发节能技术，降低运营碳排放。在加强节能管理方面，中广核开展节能效果综合评价方法与指标体系研究项目，建立节能效果评价指标体系，进一步强化节能监督管理。大亚湾核电设立节能小组，建立能源管理中心平台，开展高标准、严要求、全覆盖的节能项目，仅2021年全年共降低用电1531.6万千瓦时。在推进节能改造方面，红沿河核电、阳江核电通过能源管理体系认证，梳理需淘汰替代的机电设备，积极推动高能设备分批次替代和改造。台山核电对汽轮机厂房通风系统风机运行优化，推动运行程序升版，全部机组实施后，可节约风机总功率262千瓦，4台机组每年可节约近230万千瓦时。防城港核电将常规岛厂房照明灯改造为更节能环保的LED灯，预计每年可节约厂用电消耗50万千瓦时。在研发节能技术方面，红沿河核电利用海洋潮汐规律辅助主控操纵员进行一回路功率控制，实现每日机组电功率精细化、计划性管理，每年可多发电大约2000万千瓦时。阳江核电联合苏州院等专家单位，开展凝结水抽取系统泵变频节能技术和循环水系统单列运行机组功率平台控制可行性分析项目研究，为降低运营能耗提供技术支撑。在推动绿色办公方面，大亚湾核电基地餐厅全部实现油改电，2021年更换电动公共交通大巴和中巴14辆。中广核技下属俊尔公司车间、办公室等区域100%采用节能灯，回收利用生产过程产生的余热，最大程度减少能源消耗，2021年获评"温州市绿色工厂"称号。

在消费侧，积极开展绿电交易、绿证交易、碳交易等多样化业务，促进能源消费结构调整。2021年9月7日，在北京召开的绿色电力交易试点启动会上,中广核与扬子石化—巴斯夫、万国数据、林德、阳光电源、壳牌中国、广东伊利等 20 余家电力用户签署绿电交易协议,并完成南方电网区域内首笔跨省绿电交易。2021 年 9 月 14 日,中广核与茂名石化举行 2022 年市场化用电交易合同签约仪式,这是中广核首个"零碳清洁能源(核电)+可再生能源(绿电)"用电套餐签约项目。2021 年,中广核绿电交易总量 19.72 亿千瓦时,占全国总交易量的 25%,出清电量位居全国首位。

(二)加强废弃物管理,用心守护脚下净土

中广核严格遵守国家法律法规,对运行核电站周围环境进行有效监测,追踪环境影响并及时采取行动,维护核电站周边的生态环境安全。建立完善的放射性废弃物处理机制,对放射性污染风险进行运营全过程管控,确保核电站运营不会给周边环境造成负面影响。

建立完善环境监测体系,降低项目运营对自然社会环境的影响。依据《核动力厂环境辐射防护规定》《核电厂环境辐射监测规定》等法律法规及规范性文件,对运行核电站周围环境进行有效监测,确保周边 16 个方位陆域至少各布设 1 个监测站点,监测空气中 γ 辐射剂量率、气溶胶、碘、空气氚和碳 14 等,也包括雨水、地表水、地下水、饮用水、土壤、底泥、生物等样本,动态追踪环境影响并及时采取行动,及时公开监测数据,定期报送环境监测月报和环境监测年报,接受各级监管部门和社会公众监督,确保营运没有对环境和公众造成影响。

构建废弃物管理机制,坚持"废物最小化""辐射防护最优化"。对于低放射性废物(主要是废液),先判定其是否可重复利用,可重复使用废物会经由回收系统和反应堆水补给系统进行回收,不可重复使用废物则经由废液处理系统和废液排放系统,监测合格后排放。对于中放射性废物(主要是废气和固体废物),依据其废物形态,分别经由废气处理系统和固体废物处理系统,进行储存、处置或监测合格排放。对于高放射性废物（主要是乏燃料），按照国家统一规划，送往国家制定专用处置厂进行处理，确保经过处理后的乏燃料97%可循环利用。通过以上废弃物管理措施，中广核各基地放射性三废排放指标保持平稳并低于国家限值，辐射环境监测未见异常，周围测得的空气吸收剂量率在当地天然本底涨落范围内，核电站周围的水体、土壤、生物等环境介质中放射性核素活度浓度与历年相比未见明显变化，没有对环境和公众健康造成影响。

（三）节约保护水资源，守护生命的源泉

中广核不断优化生产管理，引入国内外先进技术，持续开展节约与保护水资源实践，保障达标排放，促进废水循环利用，以实际行动守护一方碧水清流。

源头施策，保护赖以生存的水源地。阳江核电引进无人机开展平堤水库巡检，在风化严重导致裸露区域开展整治复绿，持续进行水质监测（见图3-11）。大亚湾核电开展水库大坝安全鉴定、取水涵洞安全评估、河道清理和隐患整治等工作，河流环境明显改善。

图3-11 阳江核电采用无人机开展水源地巡检

科学调配，保障水资源的合理利用。2021年大亚湾核电汛期从大坑水库向岭澳水库调水71.5万立方米，回收岭澳水库大坝三角堰渗漏水27万立方米，为基地的生产和生活提供水资源保障。

技术创新，增强废水循环利用水平。红沿河核电对厂区污水集中处理、全部回用，降低用水成本和设施设备损耗，提高水资源利用率。阳江核电厂区针对处理达标后的中水，采取一系列措施进行回收再利用，2021年中水回用率达43.98%。

加强宣传，提升节水护水观念意识。2021年，大亚湾核电在核电基地开展"世界水日""中国水周"节水宣传活动，提倡节约用水，合理用水，携手深圳大鹏新区共建节水型城市。

三、践行生态保护，守护生物多样性

中广核始终秉持共生、互生、再生的"三生"理念，依据"阶梯型"生物多样性保护思路，开展一系列生物多样性保护实践，努力实现项目建设与周边自然环境和谐共生。

（一）科学规划，从源头降低生态影响

中广核坚持将"避免"作为生物多样性保护方案的首要选择，在生产运营全生命周期贯彻"避免"优先原则，将对生物多样性产生的负面扰动降至最低，尤其是涉及生物多样性保护重点区域的项目。

选址阶段，开展系统、科学的可行性研究。对于涉及自然保护区、风景名胜区、世界自然遗产地、饮用水源保护区、森林公园等环境敏感地区的项目修改设计方案，及时有效避让。最大程度降低项目对国家重点保护野生植物和鸟类、国家和省级重点保护动物的负面扰动。

设计阶段，严格按照国家相关规定开展环境影响评价。科学调研备选施工区域动植物资源，系统评估工程建设的可能影响。主动避让珍稀动物和候鸟迁徙通道，对评估出影响过大的方案，依据避免原则及时调

整设计。

施工阶段，严格按照水土保持方案计划保持项目区水土。例如，挡墙工程、截排水沟、覆土复耕等工程措施；飞播草籽、栽植苗木等植物措施；施工期临时覆盖、土质排水沟建设等临时措施。对于避免项目施工区土壤侵蚀导致的水土流失具有重要意义。

（二）物种保护，减少扰动物种生存环境

中广核的清洁能源发电项目遍布全球，在项目建设与运营的全生命周期，始终将物种保护作为生物多样性保护行动的重要方面。根据项目所在地物种和栖息地情况，采取因地制宜的方式制订保护方案，以实现项目运营与自然共生、互生、再生，如图3-12所示。

图3-12 项目施工中保护的珍稀植物千岁兰

为了减少陆地生物的扰动，中广核充分考虑对周边陆地动植物及栖息地保护，对濒危物种采取特别保护措施，努力将企业运营对物种的影响降到最低，并致力于将项目所在区域打造成为生机勃勃的"野生动植物园"。在 20 世纪 90 年代初大亚湾核电站建设高峰期，由于大量设备和人员进驻，加上工程建设对环境的影响，原本生活在这里的白鹭飞走了。在 1994 年核电站投产后，大亚湾核电基地开展了恢复植被等一系列生态恢复和保护的措施，取得明显的生态效益，白鹭又飞回到美丽的大亚湾。"白鹭归来"的故事成为中广核建设生态核电的最佳见证，白鹭也作为具有特殊意义的视觉符号，被中广核选定为公司标识，象征中广核"发展清洁能源，造福人类社会"的企业使命。

为了减少对海洋生物的扰动，中广核采取了海洋生态调查、水温监测、增殖放流、严控废弃物排放等一系列措施，开展海洋物种及栖息地保护实践。例如，在大亚湾省级水产资源保护区进行运营前零点及后续多次生态调查，利用卫星遥感、测量等手段进行水温监测，开展特征海洋生物耐热性研究，结合核电基地机组运行优化取排水方案，配合管理部门开展增殖放流活动。红沿河核电站从施工阶段开始就制定了严格的施工船舶管理规定，禁止高噪声航行，禁止污水固废排放入海，并在海域附近设点定期实施环境监测，尽量减少冬季海域施工，降低对斑海豹的影响。红沿河核电站还多次邀请专家对工作人员开展专题讲座，配合大连斑海豹国家级自然保护区管理部门开展观测和救助活动，全方位保护核电站附近海域的斑海豹，为它们提供舒适、安全的生活家园。

（三）生态补偿，提高项目周边物种丰度

在项目建设和运营过程中，中广核通过人工修复、技术修复、植被补偿和动物补偿等措施，对生态环境进行主动的修复和补偿，确保当地的生物多样性水平没有降低，甚至实现生物多样性丰度的提升。

在人工修复方面，调动员工积极性，开展清理海岸线垃圾活动，修复海洋生态环境。中广核组建了环保志愿者队伍，定期在沿海核电基地周边开展清理海岸垃圾的活动，修复海滩的生态环境，并通过监测为相关部门决策提供依据。2019年7月，大亚湾核电基地携手深圳市蓝色海洋环境保护协会开展海岸线垃圾监测行动，对捡拾到的垃圾进行系统地分类、称重、科学处置。

在技术修复方面，善用自然界微生物的力量，建立"中广核—微普生物环保合作实验室"，在微生物环保黑臭水体处理技术方面的研发取得突破性进展，有效修复河道生态环境。2017年，"中广核—微普生物环保合作实验室"在北京揭牌成立。中广核依托微普生物创新科研资源平台，围绕黑臭水体处理等生态修复突出问题积极开展研究。2018年，该实验室研发的微生物环保黑臭水体处理技术正式在示范河道样段应用，治理黑臭水体污染效果明显，有效实现生态环境绿色高效恢复。

在植被补偿方面，注重植被保护，采取措施进行植被恢复，包括红树林复育、森林植被恢复、覆土绿化、防护林养护等。2020年，阳江核电站成立水保覆绿小组，结合项目附近的平堤水库蓄水实际情况，制定了从坡脚开始分段分层打钢管桩，钢管桩内侧垒植生袋的覆绿措施。在水位涨落线种植鸢尾、菖蒲等水生植物，在湖心岛表面种植台湾草、湿地松、大叶相思、木麻黄、粉丹竹、非洲茉莉及混合草种等多种植物。历时近4个月，平堤水库内三座湖心岛，已全部完成水土覆绿，有效调节了湖心岛生态平衡。

在动物补偿方面，开展增殖放流活动，恢复或增加项目周边水生动物的群落数量，改善水域生态环境。中广核岱山海上风电场通过增殖放流、开展人工鱼礁建设等活动对渔业资源损失进行生态补偿，减缓对海域渔业资源造成的影响。截至2021年年底，按照增殖放流实施方案，在岱山海域放流半滑舌鳎、大黄鱼、黑鲷苗种及其他标志鱼和海蜇苗种不少于1亿尾，提高经济鱼类物种在自然海区的营养级水平。2020年8月7日，中广核第八届"8·7公众开放体验日"活动与公众共同见证了全国首个核电基地珊瑚保育区——"大亚湾核电基地珊瑚保育区"

的正式揭牌，一同见证珊瑚的茁壮成长，如图3-13至图3-16所示。2022年6月，中广核新能源主动响应"世界海洋日"行动，在平潭大练海上风电场举办以"保护海洋生态系统、人与自然和谐共生"为主题的增殖放流活动，共放流约50万尾平头鲷、黑鲷，致力维护海洋生物物种多样性和平衡性。

图3-13 大亚湾核电基地开展珊瑚保育（a）

图 3-14　大亚湾核电基地开展珊瑚保育（b）

图 3-15　大亚湾核电基地开展珊瑚保育（c）

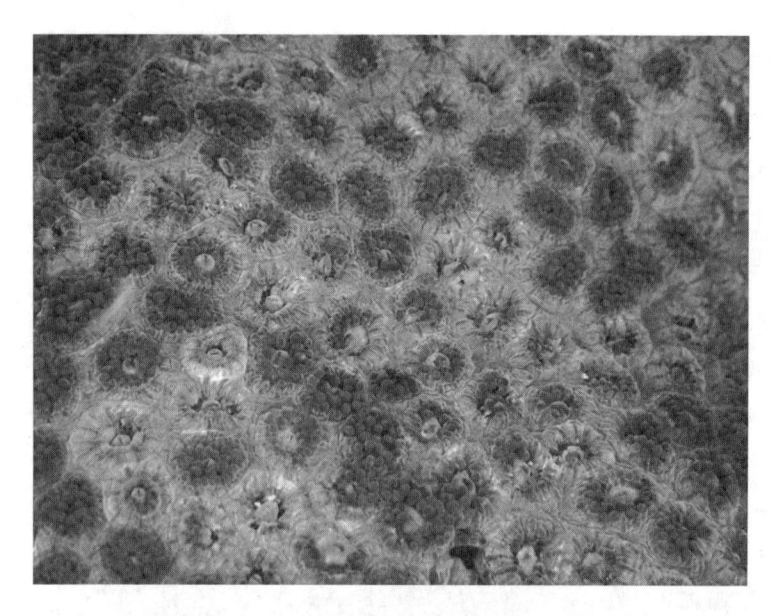

图 3-16　大亚湾核电基地开展珊瑚保育（d）

案例：积极参与国际生物多样性会议，凝聚保护生物多样性力量

2021年6月，中广核承办联合国《生物多样性公约》第十五次缔约方大会（COP15）官方首场预热活动"迈向昆明：商业与金融助力生物多样性保护"——气候变化与生物多样性分论坛，并作主旨发言，向世界展示贡献生物多样性保护的责任与担当，呼吁全球能源与开采行业共同发起生物多样性保护承诺。

在2021年10月联合国《生物多样性公约》第十五次缔约方大会（COP15）第一阶段会议期间，中广核发布国内首份基于自然资本核算的生物多样性保护报告——《中国广核集团生物多样性保护报告》。报告首次应用国际前沿的自然资本核算方法，以四个清洁能源发电项目为试点，计量和估算试点项目的建设、生产和运营活动对自然资本的影响和依赖，帮助企业了解与业务相关的所有生物多样性问题，为企业制定战略、管理和运营决策提供参考。

> 作为首批加入中国"工商业生物多样性保护联盟"的成员单位，中广核延续"避免—减少—减缓—补偿"的"阶梯型"生物多样性保护思路，落实生物多样性保护措施，致力成为与自然相互影响、相互依赖、和谐共生的典范。

第五节　强化透明沟通品牌特色，塑造卓著形象

中广核将责任沟通视为完善社会责任管理、塑造责任品牌形象的重要驱动力，积极回应来自政府、客户、员工、社区、媒体等利益相关方诉求，让利益相关方以适当的方式参与日常运营过程，树立起公众对于核电发展的信心，收获对中广核更广泛的认同。

一、多方参与，扩大责任沟通覆盖面

中广核秉承着真诚的态度，构建与政府、客户、社区、媒体等多元利益相关方进行深入沟通的平台和渠道，认真倾听各方对于中广核的诉求和期望，努力与各方形成更强的情感联结和信任关系。

（一）搭建多方参与平台

以科普展厅为阵地，培养公众对核电的正确认知。中广核设立科普展厅，设置核岛模型、核燃料组件模型、厂区沙盘图等展区，集宣传、展览、会议和互动于一体，向社会公众免费开放。截至2022年6月，在集团总部、各成员公司、项目现场拥有31个常设型科普展厅，累计参观人数超百万。同时，编制有趣味的科普教材，创建数10万字科普知识库，涵盖幼儿到高中阶段，并着力培养一批支持核电的科普达人，努力培养公众对核能的正确认知。

以教育基地为载体，引导影响在校青少年群体。作为"中国公众

中国广核集团：使命引领、透明驱动型社会责任管理

科学素质促进联合体"常务理事单位，中广核致力于弘扬科学精神、普及清洁能源知识，设立大亚湾核电、宁德核电、阳江核电、红沿河核电、云南磨豆山风电场等多个教育基地，推动营造全社会弘扬科学精神、倡导科普价值引领的良好氛围。其中，大亚湾核电基地获评"电力科普教育基地""全国核科普教育基地""全国优秀科普教育基地""优秀能源科普教育基地""中央企业爱国主义教育基地"，宁德核电基地获评"全国核科普教育基地""优秀能源科普教育基地""中央企业爱国主义教育基地"。

以主题活动为契机，吸引社会各界共同参与。1987年8月7日，大亚湾核电站1号机组主体工程开工奠基，既是中广核事业的奠基，更是我国核电事业发展史上的重要里程碑。中广核"8·7公众开放体验日"由此而来。自从2013年8月7日举办首届"公众开放体验日"活动以来，中广核已经连续10年举办该活动，每年聚焦一个主题，在大亚湾、阳江、台山、红沿河、宁德、防城港六大在运核电基地同时开展，邀请政府部门、监管机构、行业协会、媒体记者、意见领袖、社区代表、网民等共同参与，覆盖透明沟通、核电文化、清洁能源、生物多样性保护等主题，为近距离沟通搭建有影响力的平台。中广核连续两年在法国开展"云开放"公众体验活动，2020年在法国Charmont小镇奏响"风中圆舞曲"，2021年邀请法国著名主持人夏洛特·布特鲁普通过镜头带领线上网民，沉浸式体验Assac小镇"从风电场到风车磨坊"的徒步路线。"云开放"视频分别以中、英、法等语言在海外100多家媒体及社交媒体广泛传播，海外传播量超12亿人次。

第三章　责任之行，始终贯穿企业发展成长全过程

> **案例：努力建立与公众之间的情感联结**
>
> 核电与公众日常生活缺乏交集是公众沟通的主要障碍。中广核深知，只有创新"公众开放体验日"活动内容与形式，才能以更生动、更亲近的形象拉近与公众的距离。
>
> 最美核电婚纱照。在第五届"8·7公众开放体验日"活动中，中广核面向全国征集夫妻代表，来到大亚湾核电基地免费拍摄婚纱照。通过"婚纱照"这一有仪式感、有甜蜜味道的媒介，让核电基地的美景走进千家万户，将普通公众眼中"神秘"的核电转化为温情、美好的形象。活动吸引了900万人关注，微信报名帖当天即突破10万点击量，参与报名夫妻近4000对，引发人民日报、新华社等报道150多篇次。
>
> 海底种珊瑚。在第八届"8·7公众开放体验日"活动中，中广核以"海底种珊瑚，云游核电站"为主题，开展线上直播活动，见证"大亚湾核电基地珊瑚保育区"揭牌，完成首批断肢珊瑚苗圃培育，为观众科普珊瑚保育和核电知识。通过抖音、微博、B站三个平台直播，登上微博实时热搜榜，同时吸引央视频、央视新闻、新浪等多个平台关注报道，吸引超过9000万人次网友围观。
>
> 万人清洁能源科普行。在第十届"8·7公众开放体验日"活动中，中广核以"绿色发展·双碳必达"为主题，启动"中广核万名志愿者清洁能源科普行"。深圳首发活动"你走进基地，我走进书城"带来了别具一格的科普分享和惊喜互动，后续开展"走进社区""走进科技馆""走进校园""走进景区""走进乡村""走进公园""双碳少年说""宝宝在行动""全球科普行"等专项科普活动，足迹遍布"一带一路"沿线国家、全国各大城市、各大高校和中小学、各大科技馆、项目周边社区等，将实现不同年龄层次人群全覆盖。

（二）打造立体化传播渠道

中广核积极探索形成立体化、有成效的传播体系，综合利用互联

网、新媒体、视频、展会、讲座、活动等多种手段，加强与政府、周边社区、各界媒体等关键群体的持续深入沟通。

联合主流权威媒体。重视加强与人民日报、新华社、央视等近100家国内主流权威媒体的合作，围绕重大项目、关键节点、重要活动进行广泛传播，增强品牌影响力。2022年2月14日，中广核联合央视动漫集团有限公司创作的《大头儿子走进中广核核电基地》系列科普动画，入选我国科普领域影响力最大的品牌活动之一——"典赞·2021科普中国"十大科普作品。

构建自媒体宣传矩阵。中广核依托互联网与公众主动沟通，开通官方微信、微博、今日头条、抖音、B站、视频号等社交平台媒体账号，建立超过200个自媒体矩阵，专注于清洁能源企业内容的深入挖掘与广泛聚合，年均阅读量近亿人次，拉近了核电与公众之间的距离。

发布各类专项报告。陆续发布中广核安全发展白皮书、社区发展白皮书、全球可持续发展报告、"一带一路"报告，以及国内首份基于自然资本核算的生物多样性保护报告等专项报告，并常态化发布年度社会责任报告，系统展示中广核积极履行社会责任的行动和成果。

积极参加论坛展会。中广核始终坚持开放共赢、包容发展，结合公众沟通、核电科普、市场开发等需求，每年参与中国核能高质量发展大会、中国国际核电工业展览会、中国国际进口博览会等国内外大型展会，年均达20多场次。中广核有关领导积极出席活动发表重要讲话，分享发展经验，深化与各界的合作对话交流。

二、贯穿全程，发挥责任沟通影响力

核能的发展离不开公众的支持。中广核把公众沟通、公众监督工作放在重要的位置，围绕工程规划、建设、运营的全过程，聚焦利益相关方关注的核安全、社区和谐、环境保护等重要问题，不断强化沟通与监督的责任沟通机制，打造"3N和谐社区"模式，推出"安邻、友邻、暖邻"的3N社区发展行动，在塑造中广核可持续品牌形象的同时，凝聚监督中广核持续改进社会责任水平的公众力量。

（一）在规划设计阶段，从源头解决公众关切问题

工程规划设计需要与地方经济发展规划相协调，充分考虑受工程是否影响居民的合法权益和关键诉求。

建立沟通协调机制。中广核重视在工程规划设计阶段加强与政府部门、周边居民及其他利益相关方的沟通，平衡各方诉求与期望，提高工程规划设计的透明度。尤其是与政府部门建立良好的参与及合作协调机制，将工程规划纳入地方经济社会发展总体规划和专项规划，及时提交工程审阅与批复文件和办理环境评价手续，披露并汇报工程规划信息。

保障居民合法权益。推动政府、居委会（村委会）等相关部门，共同宣传讲解国家征地拆迁赔偿政策，并主动了解被征地居民实际需求，争取更多的政策支持，适度调整工程规划设计方案，充分保障被征地居民的合法权益。

积极开展公众沟通。及时披露工程与居住区的工程规划建设、安全距离、环境影响、政策法规等信息，邀请周边居民参加科普活动或开放体验日，引导周边居民正确认识安全距离及电磁环境影响相关知识，争取获得理解并支持工程规划建设。

（二）在工程建设阶段，加强透明度管理降低风险

工程建设过程中往往容易出现利益补偿纠纷，或由于公众对安全、环境保护的顾虑等原因引起阻工现象，既造成工程建设成本增加、工期拖延，又容易造成负面的社会影响。

加强核心诉求透明管理。针对工程建设无辐射侵害、无噪声污染、不出现安全事故、不造成居住环境负面影响等公众核心诉求，中广核联

合政府部门共同加强与工程周边居民的沟通，加强工程建设阶段透明度管理，公开披露工程建设中的安全管理措施、辐射环境影响等相关信息，消除公众疑虑，促进工程的建设顺利落地。

引导公众形成正面舆论。常态化开展核电站环境影响、绿色施工标准、政策法规等宣传，在每一个建设重要节点公开工程建设相关信息，邀请周边居民走进工程建设现场，感受工程建设安全文明、绿色施工标准及流程，引导公众形成正面舆论，为工程建设创造良好的外部环境。

（三）在工程运营阶段，努力与相关方建立强联系

针对社会各界对核电运营环节的主要疑虑，通过主动披露信息、搭建沟通平台、创新多元化交流活动等方式，让利益相关方充分了解、参与监督核电安全生产、科技研发、环境保护、社区和谐等问题，提升社会公众对中广核品牌的好感度，构建更密切的信任关系。

公开安全信息，公众监督常态化。搭建大亚湾、宁德、红沿河和阳江等在运基地核与辐射安全信息公开平台，社会公众可以查询核电站运行数据和运行事件等重要核与辐射安全信息，包括能力因子、辐射防护、工业安全、一级火险指数、三废管控、环境监测等详细内容，并依托网站、微博、微信等渠道同步及时发布核与辐射信息，保障所有运行事件信息在两个工作日内及时公开，充分保障公众对核电机组运行情况的知情权。其中，大亚湾核电站"核与辐射安全信息"公开平台是我国在运核电站首个专门向公众披露核电站运营安全信息平台。

回应利益关切，天天都是开放日。常态化举办新闻发布会、"公众开放体验日"等活动，回应相关方核心关切。在每一个重要节点举行沟通会或发布会，除了发布核电安全生产情况，还披露科技研发、环境保护、社区建设等内容，使媒体和公众可以从多个角度认识、深入了解中广核。定期举办主题丰富的"公众开放体验日"活动，面向公众开放核电科普展厅，开展多种形式的科普进社区活动，吸引社会各界共同

参与。以通俗易懂的方式解答社区居民的疑问，逐渐凝聚一批拥护核电发展的周边社区群众。

三、品牌认同，提升责任沟通知名度

经过多年持续加强责任沟通、社会责任管理与实践，中广核的品牌形象更加立体化，"善用自然的能量"的品牌理念日益壮大，逐渐形成具备中广核特色的可持续发展名片。

行业影响力日益增强。中广核已经成为中国最大、全球第三大的核电企业，2021年中国跨国公司100强第18位，以及2021全球公用事业品牌价值50强第13位，中国广核电力股份有限公司位列2022年《财富》中国500强排行榜的170位。

塑造"安全第一"责任形象。近年来中广核在工程质量、安全运行水平等方面获得行业的普遍认可，2021年中广核机组83%的世界核电运营者协会（WANO）指标达到世界先进水平，平均能力因子连续3年保持行业优秀值。阳江核电3、4号机组核电工程荣获"国家优质工程金奖"等一系列荣誉，也激励着中广核始终筑牢核安全底线。

引领行业创新发展。中广核的科技创新成果受到行业广泛认可，也引领了行业高质量发展。以2021年为例，中广核累计获得省部级（含深圳市）科技奖13项、全国性行业协会科技奖50余项。其中，核电站高效安全换料大修机器人关键技术与智能装备研发及应用等多个课题，获评省部级"科技进步奖"一等奖。

树立绿色低碳发展标杆。中广核坚持善用自然的能量，树立行业绿色发展的标杆与示范。2018年中广核新能源浙江宁海一市风电场荣获我国水土保持领域的最高级别荣誉——"国家水土保持生态文明工程"称号（2021年更名为"国家水土保持示范工程"），是国内首个获此荣誉的风电项目。此后，中广核广东上川岛风电场、湖北江家山风电场、广西钟山东岭风电场在2019—2021年先后获奖，中广核成为国内唯一蝉联四届此项荣誉的企业。

形成强大的人才感召力。作为一家技术密集型企业，中广核高度重视培养技术、管理、国际化、党建等一流人才。人才培养"白鹭计划"获得"中国企业最佳培训项目奖""中国人才发展最佳实践案例奖"，吸引更多人才投身清洁能源事业。

树立鲜明的企业公民形象。中广核扎实开展脱贫攻坚、乡村振兴等与社会民生息息相关的事业，获得外部广泛认可。2021年，获得全国脱贫攻坚先进集体表彰、广东省乡村振兴"万企帮万村"行动突出贡献爱心企业等省部级及以上奖项10余项，"白鹭学校""白鹭班""彩虹计划"成为中广核教育帮扶品牌实践。

第六节 深化"四个融入"机制举措，夯实责任管理

中广核将社会责任与企业文化高度契合，与企业战略完美耦合、与企业组织自然黏合，与企业制度有机融合，探索融入文化、融入战略、融入管理、融入组织的"四个融入"，构建领导有力、目标明确、重点突出、执行有方的责任管理保障体系，为使命引领、透明驱动社会责任管理模式有效地落地筑牢管理基础。

一、融入文化，为责任管理提供思想保障

中广核把社会责任根植于企业文化，在潜移默化中让社会责任意识抵达每一位员工的内心，形成人人履责的共识，为社会责任管理提供可靠的思想保证。中广核不断加强企业文化建设，体现了对安全第一、质量第一的本质要求，凸显了鼓励创新、科技兴企的目标导向，彰显了绿

色发展、回馈社会的责任本色。

"发展清洁能源，造福人类社会"的企业使命，"善用自然的能量"的品牌理念，"安全第一、质量第一、追求卓越"的基本原则，"想做事、能做事、做成事"的责任担当，"严慎细实"的工作作风，决定了中广核员工始终把社会责任内化于心，外化于行。

社会责任融入企业文化，要求中广核员工始终立足岗位干事创业不留遗憾，力争精益求精；促使中广核始终把科技创新作为动力源泉，努力实现自主发展、跨越发展；引领中广核始终通过布局可再生新能源产业源源不断提供清洁能源，有效推动降碳减排；引导中广核始终通过产业、生态、人才、消费等帮扶手段，助力实现乡村振兴、共同富裕的愿望；鞭策中广核员工始终坚持做对的事情，爱护生态环境，热心慈善公益，为可持续发展事业贡献一分力量。

二、融入战略，为责任管理提供行动方向

中广核将社会责任纳入企业长期发展战略，使其成为企业竞争力的提升器，为企业战略目标的实现和长期稳定发展服务。反过来，企业战略为社会责任管理明确了边界，划定了重点方向，提供了行动指南。

安全是核电的生命线，中广核作为我国核电发展的主力军，始终将确保核安全作为企业的首要政治责任和社会责任。创新是引领发展的第一动力，中广核始终坚持创新驱动，同步推进管理和技术上的创新。世界一流是高质量发展的必然目标，中广核积极贯彻"走出去"战略和"一带一路"倡议，推动核电及清洁能源业务进军国际市场。"企业发展，人才先行"，中广核始终把员工发展作为工作的重点内容，最大限度激发全体员工干事创业的活力。

结合安全发展、创新发展、国际化发展、人才强企等企业战略，中广核将保障核安全、扩大影响力、参与社区发展、坚持环境可持续发展

作为履行社会责任的重点内容，有效将社会责任与企业战略相耦合，为社会责任管理提供明确的行动方向。

三、融入管理，为责任管理提供制度保障

中广核重视社会责任管理规范制度的建设，通过制定专项工作规范、发布工作指南等方式，促进社会责任管理工作的制度化、规范化、透明化，从而构建社会责任管理工作长效机制。

中广核认真贯彻落实《中华人民共和国核安全法》等国家法律、法规、导则和标准，持续完善安全管理体系，不断夯实和巩固公司安全运营根基；坚持核电工程"全寿期"质量理念，持续强化全产业链质量管理能力；坚持科技创新在发展全局中的核心地位，从体制机制、平台建设、人才队伍等方面持续完善科技创新体系，夯实科技创新基础；坚持"以建为主、以查促建、追求卓越"的环境管控原则，从顶层设计上构建环境管理体系，尽量减少对环境的影响。

通过积极推进安全生产、工程质量、科技创新、绿色发展等社会责任专项工作的体系化管理，推进相关管理体系认证工作，中广核形成了完善的运行机制，有效提升了专项工作整体管理的效率和效果。

四、融入组织，为责任管理提供人力保障

社会责任工作是一项持续投入、长期收效的工作，形成网络严密、功能健全的组织体系，有助于确保各层级、各部门的社会责任管理工作有效开展，各系统的协调配合和高效运转，为社会责任管理的有效实施提供坚实后盾。

社会责任管理离不开高层的重视和全员参与。中广核建立健全三级联动社会责任组织体系，覆盖集团总部与各分子公司，有组织、有计划地推进社会责任工作（见图3-17）。具体来讲，分为三个层级：管理

第三章 责任之行，始终贯穿企业发展成长全过程

层、组织层和执行层。层级分明的三级组织架构，为中广核制定社会责任管理制度和规划、建立社会责任信息报送和指标管理体系、统筹年度社会责任报告和专项报告编制发布、组织策划实施社会责任实践行动、开展社会责任工作经验交流、指导成员公司开展社会责任管理工作等，提供了可靠的组织保障。

管理层
集团董事长审议决定社会责任战略、目标规划及重大事项。

组织层
集团总部成立社会责任工作小组，统筹社会责任工作开展。

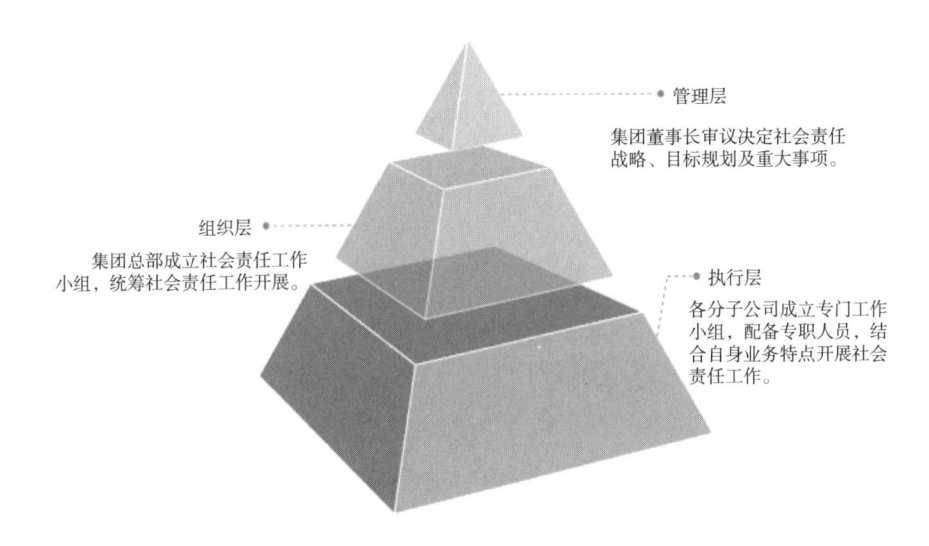

执行层
各分子公司成立专门工作小组，配备专职人员，结合自身业务特点开展社会责任工作。

图3-17 中广核三级联动社会责任组织体系

第四章

责任之成，
建设世界一流清洁能源企业

第四章 责任之成，建设世界一流清洁能源企业

长期以来，中广核依托使命引领、透明驱动型社会责任管理之道，深入开展社会责任实践，有效提升了中广核的产业竞争力、综合价值创造力，以及品牌影响力。在产业竞争力方面，助推了企业在核能、核燃料、新能源、非动力核技术、数字化等产业板块的地位提升；在综合价值创造力方面，有效保障了能源安全，带动区域经济发展，助推社会进步、民生改善，也为我国"双碳"目标实现、生态文明建设提供强有力的支撑；在品牌影响力方面，有助于企业丰富品牌内涵、优化品牌形象、扩大品牌影响，形成以"守护核安全"为品牌核心、"善用自然的能量"为品牌理念、"勇于担当"为品牌精神的领先品牌理念，加快将中广核建设成为具有全球竞争力的世界一流清洁能源企业。

第一节 迈入全球领先行列

中广核落实深化改革要求，积极迎接市场变革，尤其在核能、核燃料、新能源、非动力核技术等产业方面形成专业优势，在创造世界一流的清洁能源企业道路上，不断扩大行业影响力，向全球领先行列稳步迈进。

一、打响三代核电中国品牌

核能是中广核的核心支柱产业，长期保持全球第三、国内第一的行业地位。截至2022年6月底，中广核在运核电机组26台，装机容量2938万千瓦；在建机组6台，装机容量718万千瓦；总装机容量近3700万千瓦，占国内核电装机容量的47.28%。

铸就"华龙一号"大国重器，打响中国三代核电品牌。在统一先

进性与成熟性方面,"华龙一号"以"177组燃料组件堆芯""多重冗余的安全系统"和"单堆布置、双层安全壳"为主要技术特征,满足国际原子能机构的安全要求和美国、欧洲三代技术标准,先后通过欧洲用户要求(EUR)符合性评估和英国通用设计审查(GDA),其安全指标和技术性能达到了国际三代核电技术的先进水平。在平衡安全性和经济性方面,"华龙一号"从顶层设计出发,完全具备应对类似福岛核事故极端工况的能力,国产化率接近90%,与当前国际订单最多的俄罗斯核电技术产品相比,具有明显的经济竞争力。在结合能动与非能动方面,"华龙一号"在经过工程验证、高效、成熟、可靠的能动安全系统的基础上,设计了可有效应对动力源丧失的非能动安全系统,作为能动安全系统的补充,多样化的手段可满足最高的安全要求,是当前核电市场上接受度最高的三代核电机型之一。

打造"和睦系统",实现核电站"中枢神经"中国造。"和睦系统"是中广核打造的我国首个具有自主知识产权的数字化仪控系统(DCS),掌握了10余项关键技术,截至2021年年底,共获专利291项、软件著作权195项,发表论文387篇,参编国家及行业标准28项,关键技术指标国际领先,填补了我国该技术领域的空白。作为国家863计划和科技重大专项成果,"和睦系统"适用二代+、三代、四代核电技术,已批量化应用于国内在建和在运核电机组,并成功通过欧洲CE认证,获得欧盟市场"准入证"。2018年获得"第五届中国工业大奖",2021年获得"北京市科学技术进步"一等奖。

研发核燃料组件,奠定核能关键核心技术自主可控基础。长期以来,我国燃料组件的核心设计技术和关键原材料及零部件的供给都依赖于国外的技术转让,成为我国核电技术长期可持续发展的最大制约因素。中广核积极研发具有自主知识产权的先进核燃料系列,形成了适用于不同场景的自主品牌STEP系列核燃料组件研发型号,后续可满足二代及三代大型商用压水堆、小型堆等多种堆型使用要求。

二、成为知名铀资源生产商

核燃料产业是核能产业发展的重要支撑。中广核以保障核能发展为中心，加强国际天然铀资源开发，目前控制的铀资源总量可满足30台百万千瓦级核电机组30年换料需求，天然铀产量位居全球第三，成为全球知名的铀资源生产商。

核燃料组件质量达国际先进水平。中广核从天然铀贸易起步，与世界知名的铀矿生产商和贸易商建立良好的合作关系，保证天然铀稳定供应。2019年1月，中广核与8家核电公司签署了"以燃料组件为最终产品"的燃料供应合同，彻底转变"委托代理"传统供应模式。2021年2月，中广核与中国原子能工业有限公司签署了新一轮燃料供应合同，确定双方未来中长期的燃料供应安排，进一步夯实安全、经济、可靠的供应保障基础。截至2022年6月，中广核交付核燃料组件累计超过1万组。

在全球富铀地区形成科学的布局。中广核已完成在中亚、大洋洲、非洲、北美全球四大富铀地区布局，业务遍及哈萨克斯坦、英国、纳米比亚、澳大利亚、加拿大等国家。2008年，中广核铀业收购谢米兹拜伊铀有限公司49%股权，与哈原工联合开发哈萨克斯坦境内伊尔科利、谢米兹拜伊两座铀矿。2012年，中广核铀业投资收购纳米比亚湖山铀矿，引入中国建筑、中国电建等5家中国企业参与矿建。自2016年年底投产至2022年上半年，湖山铀矿累计生产近2万吨八氧化三铀产品，成为我国核电发展的"压舱石"。2021年7月，中广核铀业收购奥尔塔雷克有限公司49%股权，开发中门库杜克铀矿和扎尔巴克铀矿。自此，中广核在哈萨克斯坦有4座大型环保、安全、经济的地浸砂岩铀矿。

三、位居新能源行业前列

新能源业务是中广核的重要支柱产业。中广核面向国内外市场，以风电、光热发电等可再生能源为中心，截至 2022 年 6 月建成国内新能源项目 497 个，在运装机 2834 万千瓦，位居国内第一梯队；海外新能源项目 46 个，在运装机 1307 万千瓦，为 15 个国家和地区提供清洁电力。国内新能源 2021 年上网电量 284.71 亿千瓦时，其中风电上网电量 223.01 亿千瓦时，太阳能上网电量 57.87 亿千瓦时，其他清洁能源上网电量 3.83 亿千瓦时。在国内主要清洁能源企业中，中广核新能源的发展速度、发展质量及综合实力均位居行业前列。

光热发电技术实现"双引领"。在示范项目建设"引领"方面，在青海德令哈成功建设了国内第一座 50 兆瓦光热发电商业示范项目（见图 4-1），这是国家能源局批准的首批 20 个光热示范项目中第一个开工建设、目前唯一并网投运的项目，也是我国电力行业首个获得亚洲开发银行低息贷款支持的电站，我国由此成为世界上第 8 个掌握大规模光热发电技术的国家。在技术标准建设"引领"方面，中广核成功摸索出一系列高海拔寒冷地区的光热项目技术实施方案，开创了全球光热电站冬季低温环境下注油的先例，极大地缩短了建设工期。中广核新能源主编光热发电技术标准体系，为推动中国光热事业发展做出贡献。

图 4-1 中广核新能源青海德令哈 50 兆瓦光热项目

海上风电实现业内"五个第一"。就业务规模而言，江苏如东海上风电项目成为国内首个"双十"标准项目，岱山、嵊泗海上风电成为浙江省最大海上风电场群。海上风电业务实现了我国业内的"五个第一"：参与国内第一个大型海上风电项目——上海东海大桥10万千瓦示范项目建设，自主开发建设了我国首个符合"双十"标准的海上风电项目——江苏如东项目，建设国内难度最大的海上风电项目——福建平潭30万千瓦项目，国内单体容量最大的海上风电项目——广东阳江南鹏岛40万千瓦项目，成功中标法国及欧洲首个海上漂浮风电示范项目——法国大西洋格鲁瓦Groix项目，成为国内首家进入漂浮海上风电技术领域的企业。

四、非动力核技术引领全国

非动力核技术应用是中广核着力打造的新支柱产业。其中，核心设备电子加速器研发制造占据国内较高市场份额，高、中、低能全系列工业电子加速器全覆盖，稳居国内核技术应用第一梯队。

电子束处理特种废物技术全球领先。中广核与清华大学合作，成功研制出污水处理专用电子加速器和辐照反应器，该电子束处理特种废物技术将电离辐射技术与常规废水处理工艺有效结合，可高效降解常规手段难以处理的污染物，是中国首创、国际领先的新型环保技术，入选《国家鼓励发展的重大环保技术装备目录（2020年版）》，获批挂牌成立"国家原子能机构核技术（电子束技术环境应用）研发中心"。截至2022年6月，在10多个环境治理领域建设15个示范项目，得到国际原子能机构高度评价，在全球多个国家和地区进行应用推广。

测控装备市场规模稳居全国前列。中广核以海关、边检、核电为主要目标市场，核电及堆用核仪器HY2231型反应性仪等产品打破了国外技术垄断；工业用核仪器HY5511型基于小型加速器中子源的可移动式中子成像检测仪,为国内首台可移动式热中子成像和快中子成像双用检测仪;"面向铀矿与环境的辐射探测关键技术、设备及其应用"研发项目获得"国家科学技术进步"二等奖。

第二节 创造领先综合价值

企业要实现自身价值,就要为社会创造价值。中广核在社会责任的驱动下,不断提升综合价值,在保障能源安全、带动区域经济、建设和谐社区、助力"双碳"目标等多个方面积极发力,卓有成效。

一、能源安全供应达到新水平

核安全是核电的生命线,中广核的核心定位是安全能源。中广核充分发挥专业优势,持续提升能源供给能力和安全稳定性,以清洁低碳、安全高效的能源供给,有力支撑服务经济社会持续健康发展。

能源安全保障成绩显著。截至2022年6月底,中广核控股在运清洁电力装机容量超过7000万千瓦,其中核电2938万千瓦,新能源超过4141万千瓦,为能源稳定供应提供了有力保障。2022年6月23日,随着辽宁红沿河核电站6号机组投运,我国在运最大核电基地——红沿河核电基地全面建成。至此,中广核拥有26台在运核电机组,均保持良好安全状态。

安全业绩达到世界一流。在着力提升整体能源安全保障能力的同时,中广核各核电基地也在不断刷新原有安全运行记录。2021年,25台在运机组平均能力因子91.6%,连续4年达到世界核电运营者协会(WANO)先进水平,超过83%的指标达到世界先进水平。其中,23台CPR机组实现"零"非计划停堆,平均能力因子达93.7%,核电安全运行成效显著。岭澳核电站1号机组已连续17年无非计划停堆,领先全球排名第二的国外机组近 60 个月，继续刷新并保持国际同类型机组安全运行天数纪录。大亚湾核电基地连续 11 年夺得 EDF 国际同类型机组安全运行业绩挑战赛（世界核电领域最权威的比赛之一）"能力因子"第一名，累计获 39 项（次）第一名，是全球获冠军数量最多的核电基地。

二、区域经济带动实现新突破

中广核深入践行区域经济带动责任，在粤港澳大湾区、长三角、京津冀地区、北部湾经济区等区域发展清洁能源，为全球多个国家和地区提供能源转型"中广核方案"。

融入国内地方区域经济发展。依托"大项目""大基地"开发及投资建设，中广核为粤港澳大湾区、长三角、京津冀地区、北部湾经济区等多地，带来源源不断的清洁能源，成为该地区最重要的清洁能源供应商之一。例如，我国新疆地域辽阔、区位独特、资源丰富，正在加快建设丝绸之路经济带核心区，创新开放型经济体制，建设具有新疆特色的现代产业发展新体系，中广核站在践行新时代党的治疆方略高度，积极发挥非动力核技术应用产业平台作用，以技术创新为引领，融入当地优势产业链，促进特色农产品产业高质量发展；开展呼图壁生物质综合利用项目，为农业废弃物污染综合利用提供新的思路，实现现代种植养殖相结合的可持续发展。

带动海外国家和地区发展。截至 2022 年 6 月底，中广核海外清洁能源总装机容量 1307 万千瓦，为全球 15 个国家和地区提供能源转型"中广核方案"。在英国，中广核与法国电力集团共同建设 HPC、SZC、BRB 三座核电站。在马来西亚，中广核旗下埃德拉电力控股有限公司下属清洁能源项目分布在"一带一路"沿线 5 个国家。在纳米比亚，湖山项目是中国在非洲最大的实业投资项目（见图 4-2），总资源量排名世界第三，年磨矿量超1000万吨。矿区建设期间，湖山项目给当地创造4500多个直接就业岗位和8000多个间接岗位，投产后为纳米比亚创造1600多个长期就业岗位，使纳米比亚矿业领域雇员人数增长约17%。

图4-2 晨曦中的湖山铀矿水冶厂

三、和谐社区共建取得新成效

中广核主动参与社区建设，坚持建好一个项目、带动一地经济、造福一方人民，通过改善社区环境、消除社区贫困、助力文教体卫事业等切实有效的举措，全面带动社区进步，致力于构建和谐社区关系，在帮助属地化人才发展的同时，助力乡村振兴。

促进居民就业增收。其中，中广核欧洲能源公司拥有超过 15 个不同国籍的员工，并签订促进残疾人工作的协议。中广核铀业所属斯科公司坚持平等雇用，2020—2022 年连续 3 年获得纳米比亚劳工部平权证书。宁德核电站在建设之初保留项目所在地备湾村 200 多亩白茶园，支持社区居民组建园林公司，吸纳上百位村民就业，并聘请专业老师对当地村民进行茶园、果园管护等免费技能培训，有效解决村民的就业问题。

发展壮大特色产业。中广核承接中央单位定点扶贫、东西部扶贫协作、省级定点扶贫等任务，自 2002 年起在桂、粤、川、蒙、新、鄂、闽等地累计投入无偿帮扶资金 5 亿元，产业投资超 200 亿元，派驻挂职干部超过 80 名。阳江核电帮扶阳春市崆峒村建立光伏发电、酿酒、益生菌养鸡、肉鸽养殖和甜糯玉米种植五大特色产业，注册崆峒米酒、益生菌鸡、甜糯玉米 3 项商标产品，以投资建设的昊龙肉鸽养殖基地为例，每年可为崆峒村创造村集体收入约 30 万元。结合新疆艾兰木布隆村"盐碱化重、干旱少雨"的特点，中广核帮扶当地改善种植结构，发展甜瓜产业，从 2018 年起连续 3 年逐步扩大甜瓜规模，带动 240 户 1200 人增收致富。同时，还挖掘当地地理区位优势，采用"入户＋集中饲养与农户自养＋托养"的模式，发展兔、鹅养殖和种植产业。

改善居民生活条件。中广核非常重视周边关系建设，秉承与周边社区和谐共生的原则，一直保持着与周边社区良好的"邻里"关系。例如，大亚湾核电从建设初期开始，每年为周边社区投入近 500 万元，用于搬迁社区（村）扶持及周边修路、文体设施建设、社康中心修缮等项目。从 2020 年年初至 2022 年 6 月，防城港核电在防城区十万瑶族乡、防城区那巴村、厂址周边地区及市福利院累计投入 180 万元，用于民族示范点打造、休闲公共设施建造及福利院硬件设施改造等。

四、助力"双碳"目标迈出新步伐

中广核始终以"发展清洁能源，造福人类社会"为使命，不断推动清洁能源建设，优化节能环境管理，增进生态复绿，持续为社会提供安全、可靠、清洁、经济的清洁能源，以实际行动推动我国"双碳"目标实现。截至2022年6月底，中广核清洁能源累计发电超过2.1万亿度，等效减排二氧化碳17.4亿吨，相当于种植森林471万公顷（1公顷＝0.01平方千米），可覆盖粤港澳大湾区九市两区84%的面积。

核电基地高质量发展，促进全球能源低碳转型。"华龙一号"在广东太平岭核电、浙江三澳核电、广东陆丰核电、广西防城港核电等实现批量化建设，为建设生态核电、美丽中国提供重要支撑。我国首个民营资本参股的核电项目——三澳核电基地项目一期工程1、2号机组装机容量242万千瓦，是浙江省创建国家海洋经济发展示范区及国家清洁能源示范省的支撑项目之一。我国西部和少数民族地区首个核电项目——防城港核电站积极践行绿色发展理念，从2016—2021年共为北部湾经济区提供了854亿千瓦时安全、清洁、经济的电力，相当于减少标煤消耗2582万吨，减排二氧化碳7102万吨。

新能源发展获行业认可，积极为"双碳"目标作贡献。一是打造植树治沙与光伏治沙"双向碳中和"模式，截至2022年6月，中广核在库布齐沙漠腹地已投运光伏电站5座，项目结合"种树＋种草＋养殖＋发电"一体化的生态光伏产业模式，有效治沙3万亩，用"人进沙退"推动内蒙古库布齐沙漠生态格局转变，助力当地绿色低碳转型。二是形成"海陆并举"风电发展格局，截至2022年6月，中广核国内已储备海上风电资源超2300万千瓦，江苏如东海上风电项目成为国内首个"双十"标准（离岸不少于10千米、水深不少于10米）项目，岱山、嵊泗海上风电成为浙江省最大海上风电场群，并网运行235.8万千瓦海上风电。三是"新能源+"产业建设成效显著，以中广核当涂太白光伏电站为例，其通过制定"水安全，水环境，水景观，水文化，水经济"五位一体的水环境治理新模式，促进光伏区6000亩水域水质优良、环境优美。与当地农业公司合作打造农业养殖示范基地，2021年实现收益200余万元。与南京航空航天大学合作打造产学基地和科普基地，成为当地水文环保监测、文化旅游业与新能源产业融合发展的特色示范光伏电站。四是"光热储"多能互补项目全面推进，中广核建成我国首个大型商业化光热示范电站——德令哈50兆瓦光热示范项目，成功填补了我国大规模槽式光热发电技术的空白，使我国正式成为世界上第8个拥有大规模光热电站的国家。

节能减排成效稳步提升，天更蓝、山更绿、水更清。各核电基地的节能减排也卓有成效，大亚湾核电站在大修期间、热停备期间，开展重要耗电设备运行优化、汽机厂房通风系统风机运行方式优化、设备更换、运行时间控制等多项创新举措，每年用电降低约1500万千瓦时；红沿河核电站供暖全部采用核蒸汽换热方式，每年供暖节约标准煤约2万吨，减排二氧化碳约7.334万吨，并对生活区热水器、日光灯节能升级，全年可节约用电2.49万千瓦时。

生态环境得到有效改善，实现人与自然和谐共生。中广核在大亚湾核电基地打造中国"最美生态核电厂"，挂牌成立首个核电海域珊瑚保育区，200多种野生动植物在此繁衍生息。中广核在国内多地开展"风车花海"水土保持治理工程，因地制宜将风电项目的开发、建设与自然环境融合，打造花园式风电场。作为"风车花海"核心项目，湖北江家山风电场自建成后，风机、湖光、山花、绿草交相辉映，组成一派和谐自然的生态美景。如今，已形成"大亚湾核电有白鹭、阳江核电有海豚、宁德核电有茶园、红沿河核电有花海、防城港核电有红树林、台山核电有黑耳鸢、风电场有风车花海"的美丽景观，共同构建人与自然和谐共生的大美画卷。

第三节　形成领先品牌文化

中广核深入践行央企责任，在行动实践中丰富品牌内涵，确立了"守护核安全"的品牌核心、"善用自然的能量"的品牌理念、"勇于担当"的品牌精神，为品牌的生存和发展提供源动力。中广核在沟通传播中扩大品牌影响，持续塑造可持续品牌形象，增强公众信心与信赖，走出了一条具有特色的全球竞争力品牌创建之路。

一、品牌生命力得到持续加强

品牌生命力来源于品牌的生存能力和发展能力。品牌生存能力取决于品牌的竞争能力和创新能力，品牌发展能力表现为品牌的时间延续能力。在长期品牌建设探索实践的基础上，中广核打造出清晰一致的品牌核心价值。

品牌核心是"守护核安全"。中广核牢固树立"总体国家安全观"，以对党、国家和人民高度负责的态度，全力以赴抓好核电站的安全、质量、进度、投资、技术和环保六大控制，坚持"按程序办事"，保持"诚信透明"，确保每一步风险可知、可控，用实际行动筑起坚实的安全屏障。从品牌核心"守护核安全"出发，中广核塑造了良好的品牌竞争能力，安全业绩达到世界一流。以2021年为例，23台CPR机组实现"零"自动停堆，创历史最佳；16台在运核电机组在WANO综合指数排名中获得满分。

品牌理念是"善用自然的能量"。中广核完整、准确、全面贯彻新发展理念，积极融入新发展格局，立足自身品牌理念，顺应自然、保护自然，善用资源、善待资源，大力发展核能、风能、太阳能等清洁能源，依靠科技力量推动绿色发展，打造了自主三代核电技术"华龙一号"、"和睦系统"、自主核燃料组件、电子束处理特种废弃物技术等一系列创新产品，实现从"中国制造"向"中国创造"转变，品牌创新能力持续加强，品牌发展能力持续提高。

品牌精神是"勇于担当"。中广核坚守央企"姓党为民"的政治本色，积极响应国家重大战略，主动承担国家使命，为千家万户提供安全稳定电力。在提供能源保障的同时，中广核坚决扛起乡村振兴社会责任，发挥清洁能源、电子束保鲜、生物有机肥等综合科技优势，在帮扶地区建设红心猕猴桃、种桑养蚕等全产业链帮扶模式，更多更好惠及农村农民。在"发展一个项目、带动一地经济、造福一方民众"的过程中，中广核为其品牌内涵注入了温暖的人性光辉，为品牌生命力提供坚实保障。

二、可持续品牌形象逐渐稳固

中广核不断塑造并提升可持续品牌形象，助力自身打造具有全球竞争力的世界一流企业。2022年4月，中广核核心品牌商标"中广核"被北京市高级人民法院以司法裁判方式认定为"驰名商标"，是中广核多年坚持不懈打造市场知名度、质量信誉度和品牌影响力的集中体现，标志着中广核在创建一流品牌的发展道路上迈向新的台阶。

实现可持续品牌形象提升。在理论打造上，中广核联合清华大学国家形象传播研究中心在2019—2021年期间持续开展"中央企业打造世界一流企业品牌模型与指标"课题研究，形成了打造卓著品牌的"七力"模型。在品牌实践上，近两年联合清华大学等研究单位在国内率先将自然资本理念融入项目运营管理，并于COP15第一阶段会议期间发布国内首份基于自然资本核算的生物多样性保护报告，在贡献"双碳"进程中打造清洁能源卓著品牌。在典型经验传播上，《中广核：善

中国广核集团：使命引领、透明驱动型社会责任管理

用自然的能量》《中广核透明沟通之道：向更加完备的透明3.0迈进》两项品牌案例，分别入库清华大学经管学院中国工商管理案例中心和北京大学光华管理学院案例研究中心，成为两所中国知名学府MBA学员的授课教程。

塑造世界一流企业品牌形象。中广核在2019年被国务院国资委确定为"创建世界一流示范企业"首批中央企业之一。中广核对标"世界一流"，将产业带动、安全运行、科技创新、社区友好等社会责任管理与实践，充分融入卓著品牌打造和企业愿景实现的过程中，致力于成为公众信赖、更具责任，技术领先、更具实力，持续发展、更具价值的国际一流清洁能源企业（见图4-3）。随着责任品牌建设的推进，中广核在清洁能源、安全生产、绿色发展、社区参与等方面的"魅力"愈发深入人心，世界一流企业的品牌形象也随之更加清晰、立体、生动。

公众信赖、更具责任	技术领先、更具实力	持续发展、更具价值
• 以忠实履行国家赋予的责任为出发点，发挥央企在国民经济中的支柱和主导作用，为国有经济布局和结构调整做出贡献；积极履行社会责任，在产业带动、和谐共建、可持续协调发展等方面发挥示范作用，成为社区友好、公众信赖、政府信任的公共事业型企业。	• 以市场需求为导向，通过引进消化、合作研发与自主创新掌握核电和非核清洁能源领域的关键技术及核心技术，成为引领产业发展方向的技术创新型企业。	• 以创造客户和股东价值为根本宗旨，兼顾各相关方利益，共同发展，成为治理规范、管理科学、机制灵活、资产优良、协同高效、效益良好，更具发展前景的价值创造型企业。

图4-3 中广核"国际一流清洁能源企业"愿景内涵

三、公众信赖和信心与日俱增

公众对核电的接受度，是许多国家发展核电面临的最主要问题之一。在多年探索形成的使命引领、透明驱动型社会责任管理路径中，推陈出新，放大声量，有效助推公众核电接受度的提升，为核电积极有序发展营造了良好的社会环境和舆论氛围。

"公开透明"理念深入人心。中广核将品牌传播核心确定为"透明沟通"，把"我想说的"与"你想听的"相结合，在清洁能源与公众之间建立起更加密切的沟通和互动关系，增进了公众对清洁能源的认知度和接受度，同时借助全媒体渠道把品牌打出去，打造立体、多元、全面的品牌传播。此外，中广核持续推动清洁能源宣传和科普方式升级，连续10年举办"8·7公众开放体验日"活动，在一次次的"透明沟通"中走进公众心里，成功塑造全国核能行业开放透明的责任品牌，把中广核塑造成一个可感知、有温度、值得信赖的企业形象，如图4-4所示。

图4-4 2022年中广核第十届"8·7公众开放体验日"活动

中国广核集团：使命引领、透明驱动型社会责任管理

"卓著品牌"打造卓有成效。中广核牢牢把握清洁能源与"双碳"战略高度契合的优势，以"安全能源"为品牌核心定位，通过"三个坚持、三个结合"的方式，持续推动打造清洁能源卓著品牌。一是坚持"安全、绿色、担当"三个品牌内涵，采取"沉下来"和"融进去"相结合的方式，持续推广核心价值与个性形象。专注清洁能源内容的深入挖掘与广泛聚合，实现传播对象精准化、媒体传播网络化、传播语境大众化。二是坚持"安邻、友邻、暖邻"3N理念，采取"走出去"和"请进来"相结合的方式，大力开展科普宣传和公众沟通活动。例如，清洁能源科普进校园专项行动，实现从周边社区到城市学校的覆盖，多次得到上级主管部门的充分肯定。三是坚持"共生、互生、再生"的"三生"模式，采取"做得实"和"说得好"相结合的方式，精准传播清洁能源生物多样性保护实践。中广核连续11年发布社会责任报告，注重生物多样性保护及绿色低碳发展内容披露，相关实践获评2021中国企业国际形象传播十大案例。

第五章

责任之愿，
推动企业创新发展行稳致远

第五章 责任之愿，推动企业创新发展行稳致远

中广核肩负国家赋予的新时代重任，在落实"三个排头兵"央企责任中积极担当作为，聚焦主责主业，形成专业优势，稳步向全球领先行列迈进；深耕四大责任领域，不断提升综合价值；塑造可持续品牌形象，增强公众信心与信赖，打造颇具特色的全球竞争力品牌。

面对全球新冠肺炎疫情持续演变，国内外经济政治环境发生深刻变革，中广核需要更明确的方向、更前瞻的布局、更清晰的定位、更精准的发力，努力建成世界一流的社会责任典范企业。

展望未来，中广核要在立足新发展阶段科学谋划未来，在贯彻新发展理念上走在前列，在构建新发展格局中展现担当，继续当好创新发展的践行者、绿色发展的贡献者、万家灯火的守护者，进一步升级使命引领、透明驱动型社会责任管理模式，让社会责任管理更系统、责任实践更深入、责任沟通更透明，在树立社会责任典范的同时，为实现中华民族伟大复兴的中国梦贡献智慧和力量。

第一节 更系统，完善责任管理

在全面建设社会主义现代化国家、向第二个百年奋斗目标进军的新征程上，为应对日益变化的社会责任新形势，中广核可持续优化社会责任管理工具和方法，推行全面社会责任管理，将社会责任意识融入企业的价值观和发展战略，实现全员参与；将社会责任与项目业务流程对接，实现社会责任议题设定、策划、实施、评价考核、成果推广闭环管理；将社会责任的触角延伸到每一个具体部门和日常的工作，将履行社会责任的理念和要求重点融入企业组织和考核评价，不断将社会责任工作推向新的高度。

一、在固本上下功夫，实现全员参与

中广核在不断完善社会责任理念内涵，探索理念、实践、传播三者相融合的推进机制的同时，要不断加强社会责任理念的宣贯，进一步推动社会责任融入员工日常生活，提升全员履责意识和能力，落实行动，实现自上而下对社会责任的统一认识。

强化顶层设计，责任理念内化于心。管理层应立足长远发展，准确把握企业经济效益与社会效益之间的动态平衡，加强责任文化建设，不断健全全面社会责任管理体系。建立全面性、常态化的培训机制，加强基层员工履责能力的培养，建立员工个人价值观和企业价值观的融合机制，推动广大员工由表层的工作成果追求转变为更深入的社会责任服务，使社会责任理念深入人心。

推动率先垂范，责任理念外化于行。下沉基层调研，关爱员工；深入周边社区，解难纾困；直面公众媒体，透明沟通……管理层可进一步带动基层员工树立"社会责任就在自己身边"的观念，明确社会责任工作是每一名员工的责任和义务，要用"严慎细实"的工作作风把工作做好。如此，管理层以自身的社会责任履行实践为基层员工树立榜样，上下一心，让社会责任理念在企业中蔚然成风。

二、在实效上花气力，实现全过程融合

围绕品牌项目做好责任影响力管理。做好社会责任边界管理，识别实质性议题，选择重点和关键领域开展攻坚克难，以点带面实现系统性推进，是社会责任工作推进的一般路径。因此，对于中广核来说，以品牌项目为抓手，将社会责任融入项目的选题、策划、实施、绩效考评、动态监督、成果推广全过程，是下一步社会责任工作推进的可行方向。

选择重点议题塑造责任竞争力品牌。中广核总部及各成员单位可结

合自身发展特点和优势，采用揭榜挂帅和项目申报相结合的原则，选择重点议题立项。项目的策划和实施要落实各部门的具体职责，推动跨部门、跨区域的配合、协作，实现多地联动和更大范围的共同参与。绩效考评侧重创新型社会责任管理工具和方法的应用和推广，动态考核社会责任工作的实际成效，防止社会责任工作流于形式。成果推广是品牌项目的落脚点，通过可传播、可复制的经验总结和典型示范，把社会责任工作的实效推而广之，进一步将项目塑造成彰显责任竞争力的优势品牌。

三、在协同上做文章，实现全方位覆盖

深度融入组织与职能，加强社会责任协同合作。以实质性议题为划分标准，让中广核社会责任工作在党群工作部、综合管理部、战略规划部、科技数字化部、安全质量环保部、核能管理部、产业发展部、人力资源部、中广核党校等归口单位实现明确分工，责任到部门、责任到事、责任到人。加强跨部门、跨单位、跨地区的合作，提高组织黏性，整合资源，实现共联共通，提升工作效率，下好社会责任工作一盘棋。

强化社会责任考核评价，提升考核效度与信度。考核范围可进一步扩大，关键绩效指标（KPI）覆盖社会责任的维度更加多元，不仅要关注主业价值创造，更要瞄准经济带动、回馈社区、环境改善等综合效益。考核指标的选择需要结合不断丰富的社会责任实践内涵，突出重点工作设置指标，选取易于量化、易于获取、具有可比性、具有客观权威数据，作为支撑依据的评价指标，提高评价指标体系的适应性和有效性。扩宽外部评价的渠道，实现更多的利益相关方参与，提升评价信度的同时，通过以评促管，不断开创社会责任工作新局面。

第二节　更深入，深化责任实践

2022年3月，国务院国资委成立社会责任局，专设职能部门谋篇布局、统筹管理，凸显了国家对中央企业社会责任工作的重视，也表明政府对中央企业的社会责任工作提出新的更高的要求。

基于这一背景，中广核需结合自身实际情况，在环境责任、乡村振兴、伙伴责任、海外履责等方面深化、细化责任实践，做到主动担当、用心而为、全面尽责、协调发展。

一、持续筑牢安全品质之堤

安全是中广核"安身立命"之本，是不容任何质疑和挑战的"铁律"。未来，中广核将在能源安全新战略的指引下，继续以科学的标准、严谨的方法、透明的态度强化安全保障，将安全发展推向新高度，增强公众对我国安全发展核电的信心。

高质量保障能源安全及供应。全面传承核安全文化基因和良好实践，继续将"安全第一"落实到核电规划、建设、运行、退役全过程，全面加强核电安全管理，提高核事故应急管理和响应能力，在保证安全、质量的前提下，强化核电作为可靠、稳定、经济的能源供应的地位，提升我国核电安全发展水平。

巩固提升机组安全运行水平。继续实施创新驱动战略，用最先进的技术，开展在役、在建机组安全升级改造，持续提升机组安全性能。把安全质量要求精细化落实到工程建设各现场管理团队和施工单位一线班组，确保安全发展的基础不动摇。

深化开放透明的核安全共识。一如既往地理解和尊重社会公众的疑虑，不断探索新的传播方式和沟通方式，提升公众对核安全的认知水平，探索公众参与核电安全发展的新方式，请公众监督，让公众放心。

二、强化绿色发展与融合创新

中广核作为服务"双碳"目标、建设生态文明的一支重要支撑力量，需进一步领会绿水青山的重要意义，通过技术、制度、商业模式创新创造更多的环保价值，为自觉履行社会责任增光添彩。

锚定"双碳"目标，书写绿色能源新篇章。中广核将坚定不移地服务"双碳"目标，充分发挥核、风、光、水等清洁能源优势，全力推进新能源大基地建设，实现新增装机、资源储备新目标，并推进新能源与氢能、储能等新兴业态融合发展，助力"双碳"目标的达成，为能源绿色转型贡献力量。

坚持环保创新，构建绿色发展新格局。不断加强节能低碳技术科技研发能力，促进节能减污降碳协同增效，进一步提升能源利用率和三废处理效能，打造从绿色设计、绿色施工到绿色运维的生态优先、绿色发展之路。充分发挥清洁能源供应商的天然优势，进一步扩大绿电交易、绿证交易、碳汇交易等业务范围和规模，并加快开发设计新的绿色金融资产工具，以满足用户清洁低碳、安全高效的用能需求。

三、构建乡村振兴帮扶长效机制

重点围绕产业振兴、生态振兴、人才振兴、消费帮扶和整村帮扶等方面，不断激发乡村活力，助力帮扶村迈向振兴的起步之路。着眼未来，中广核将进一步调动各方积极参与，探索固化参与乡村振兴的长效机制，切实做好脱贫攻坚成果同乡村振兴有效衔接，推动乡村经济社会发展和群众生活改善。

调动"躬身入局"，促进各方互利共赢。建立投资收益、声誉提升等激励机制，引导成员单位、合作伙伴从脱贫攻坚时期的"纯投入"

转向挖掘乡村振兴中蕴含的巨大机遇，向市场化投资转化，带动乡村经济发展的同时，也在乡村振兴项目中获得适当的经济利益和责任品牌声誉，激发长期参与乡村振兴工作动能。

实施"授渔计划"，实现乡村全面振兴。乡村振兴不仅要厚植情怀，还要引进可持续的商业模式。中广核可结合帮扶地区的资源禀赋，帮助发展特色种植、养殖业，开发"风光"资源，打造工业旅游特色品牌；发挥自身技术和产业优势，将电子束保鲜、核能供暖供汽等技术广泛应用，带动乡村企业提质增效；培养乡村能人，推进农业合作社发展，进一步激发组织活力和创新动力，吸引社会资本和城市人才进入乡村，努力实现"五个振兴"（产业振兴、人才振兴、文化振兴、生态振兴、组织振兴）协同发展。

四、带动上下游打造责任供应链

积极开展供应商准入、评估与考核、阳光采购等举措，努力打造责任供应链。步入新时期，中广核将进一步调动供应商履行社会责任的积极性，持续完善帮助供应商提升履责能力机制，扩大示范效应。

激励与约束相结合，促进供应商履行社会责任。推行责任采购，明确供应商需要遵守的社会责任注意事项，建立供应商黑名单管理机制，对其予以公示和惩罚，保障星级供应商"业务往来中的优先地位"；厘清供应商内部可能存在的诸如非法雇佣、质量安全、高排放等社会责任风险，强化对供应商履行社会责任的考核和指导，帮助供应商高效履责。

与供应商密切合作，带动供应商践行社会责任。除了主营业务的经济交流合作之外，中广核将充分发挥负责任央企的示范引领作用，与供应商深入开展责任领域的沟通和合作，在员工培训、安全生产、乡村振兴、公益慈善等方面不断探索与供应商合作新路径，持续发挥履行社会责任的带动效应，扩大积极影响。

五、持续扩展海外履责深度广度

中广核始终坚持国际化发展战略，在海外积极作为，勇于担当，传播中国履责精神，争创世界一流清洁能源企业。立足新发展阶段，中广核的海外履责任重道远、大有可为，在海外投资建设、生产经营，特别是参与"一带一路"建设中，将深入开展社区沟通，跨越文化的藩篱，全面带动社区发展，树立中广核良好的海外品牌形象。

强化海外公众沟通，建立和谐的社区关系。中广核可以组建专门的海外项目社区沟通团队，在摸清社区背景信息、识别潜在风险的条件下，确定社区沟通的要点，有针对性地制订行动方案并落实。在项目推进的各个阶段，可以采用听证会、媒体报道、家庭采访、现场联络办公室、热线电话等方式，与海外项目所在社区建立更强的联系，畅通投诉与反馈渠道，提高社区的参与度和接受度。找准关键中间人，与社区建立可靠的信任关系，从而高效地开展社区沟通工作。同时，针对有关社区的风险，制订应急预案，确保危机公关的措施及时到位。

带动海外社区发展，与社区共享成果。中广核在海外布局清洁能源业务、开发和利用铀资源，为当地社区带来了就业岗位、先进技术和资金，在一定程度上带动了地方经济的发展。但当地居民在教育、医疗、基础设施、帮扶弱势群体方面，仍对中广核有更多的期待。中广核将进一步地扎根社区，充分利用自身优势，开展职业培训，提升就业水平；投身海外新冠肺炎疫情防控工作，守护居民健康安全，改善生活条件；热心公益慈善，关爱弱势群体，给予物资帮扶和精神慰藉，树立中广核更崇高的全球公民形象。

第三节　更透明，创新责任沟通

大数据时代的社会经济环境使得信息更加透明，数据已成为较易获取的公共资源，企业履责行为需要面对更多方面、更为长期的考验。面对复杂多变的外部环境，中广核的责任沟通工作需要创新工作方式、充分利用资源、防范舆情风险，实现高质量的发展。

一、传播对象精准化，提升沟通新体验

中广核始终重视开展透明沟通工作，打造了公众沟通与核电科普"8个1"整体工程，实现了共赴透明之约、共鉴透明之责、共研透明之道的"三级进阶"。后续将进一步注重公众的体验反馈，加强工作创新，不断优化宣传方式和内容，不断提升公众沟通水平。

满足公众需求，避免出现"自说自话"式的沟通。针对社会公众关注核电安全与发展问题，摒弃自圆其说的灌输式宣传，可以从公众生活密切相关的核知识入手，开展互动式科普宣传。类似于"最美核电婚纱照""寻找最科幻少年""海底种珊瑚，云游核电站"等活动，以及《大头儿子走进中广核核电基地》系列科普动画等公众喜闻乐见、社会广泛认可、有一定影响力和知名度的内容，需加大力度创作和推出，在充分考虑受众需求的同时，进行有针对性的沟通。

细分受众群体，有计划和重点地开展公众沟通工作。基于公众不同的身份特征和职业属性，立足项目选址、施工、运行的不同阶段，先找准议题，后制订具体沟通方案，力争沟通时做到找准症结、各个击破、有的放矢、有序推进，有力回应不同利益群体的关切问题。

二、传播渠道平台化，打造沟通新阵地

中广核充分利用学习强国、微信、微博、头条、抖音、快手等平台，形成了全球传播融媒体矩阵，但平台资源有待进一步挖掘和利用，沟通的形式和内容还可以进一步丰富，使中广核责任沟通工作能为其他企业提供可复制的经验路径。

内外平台双管齐下，资源整合，扩大品牌影响力。中广核将进一步整合官方网站、官方微信、短视频账号、对外报告等自有平台资源，面向全体员工和利益相关方及时常态化地披露信息，发布高质量的社会责任报告，展示中广核的卓著品牌形象。积极利用外部平台积累的媒体资源、写手资源和专家资源，通过新闻宣传、专栏报道、专家点评，进一步提高中广核的曝光率，扩大影响力。

对外交流多措并举，能力提升，打开沟通新窗口。定期组织参与展览展示活动，与国内外社会责任专业传播平台、行业协会等保持良好互动，增强中广核社会责任领域的话语权。组织管理人员参加国务院国资委、行业协会举办的社会责任线上培训，及时掌握行业动态，不断提升业务能力。参加各种大型社会责任论坛，向外界分享社会责任工作管理经验，帮助外部企业提升履行社会责任的认知和能力，为中国企业未来的社会责任实践和传播贡献高价值的参考和启发。

三、传播语境大众化，增强沟通新成效

在新媒体语境下，严肃的科学知识普及和传统新闻报道模式给人以距离感。因此，中广核在开展责任沟通时，为了有效传达信息，沟通语言需要贴近大众日常生活习惯的语境。

善用网络语言，提高沟通效率。中广核在公众沟通时可以强化"网感"，增加网络用语的使用，用一些表达亲密、耳熟能详、聚焦热

点的网络用语,或是口语化的"接地气"表达,抑或是第一人称的娓娓道来,努力拉近与沟通者之间的距离,同时应该以坚守专业性作为底线思维,力争做到趣味性与专业性并存,提高信息的传播效率。

迎合大众习惯,提升沟通黏性。在快节奏的社会生活环境下,大众一般要求信息语言简洁明了,活动丰富有趣。中广核在微信公众号、抖音、官网等融媒体平台推送相关信息时,可以尽可能多用短句,少一些语法结构复杂的长难句;尽可能多安排图片、动图及表情包,少一些冗长拖沓的文字叙述;在进行面对面沟通时,尽可能多一些异彩纷呈的活动内容,避免"一言堂"的宣贯。通过构建中广核风格化鲜明的品牌形象,增加沟通黏性,获得更广泛的公众认可。

第四节　更卓著,树立责任典范

在社会责任成为全球竞争新要素,当可持续发展成为破解全球问题的"金钥匙",以更高的站位,更开阔的眼界,更务实的行动成为履责典范,是新时代中央企业迈向世界一流的必然选择。

中广核作为首批列入创建世界一流示范企业的央企,将以综合效益最大化为出发点,打造更卓著的品牌形象,加快建成具有央企社会责任和担当的示范标杆企业。

一、以更高的站位,构建责任共同体

在改革开放40多年的历史进程中,中广核不仅仅是见证者,更是亲历者、实践者和创造者。在应对各种困难与挑战面前,中广核始终听党指挥、敢打硬仗,坚持为国分忧,为百姓解难。把维护经济社会稳定发展和国家安全作为重要责任,展现国有企业的政治担当。新时期,中广核将进一步紧扣国家"一带一路"倡议、"碳达峰、碳中和"等政

策，着眼乡村振兴、共同富裕等社会普遍关注的问题，前瞻性地开展社会责任工作，携手利益相关方共同参与，构建责任共同体。

二、以更广的眼界，塑造责任品牌力

作为具有国际视野的中广核，更能深刻地感受到履行社会责任对于提升企业国际竞争力的重要性。针对东道国经济、社会和政治等方面的需求，坚持"共商、共建、共享"原则，为世界清洁能源发展提供中国方案、贡献中国智慧，传播中广核可持续发展故事，为中广核品牌注入安全、绿色、担当的可持续内涵，为中广核在全球长期稳定、健康、高质量发展奠定根基，力争收获国际社会的广泛认同。

三、以更实的行动，成就一流责任典范

中广核将锚定全球可持续发展目标，聚焦安全质量一流、工程建设一流、科技创新一流、经营效益一流、企业管理一流5个"一流"目标，不断追求卓越的安全业绩，与WANO国际指标对标；坚持高标准，追求高质量，确保生产运营和工程建设业绩稳定；始终致力于清洁能源发展，专注于核电和核能综合利用，全力保护环境；以科技创新引领公司发展，持续推动新技术发展和应用。总之，中广核将以更务实的行动，推动产业做强做优做大，实现更高质量、更有效率、更加公平、更可持续、更为安全的发展，争当履行社会责任并为全球可持续发展作贡献的领先典范。

附录

中广核社会责任掠影
（1985—2022）

1985 年

在 1978 年中国宣布全套巨资引进国际最先进核电技术，建设广东大亚湾核电站——中国大陆首个百万千瓦级大型商用核电站后，中广核与香港中华电力签署合营合同，成立广东核电合营有限公司，创造性开启"借贷建设、售电还钱、合资经营"发展模式。

1986 年

广东核电合营有限公司成立了公共关系处，这是中国企业最早设立的公共关系组织机构，推动做好大亚湾核电站的公众沟通，助力大亚湾核电站高质量建设。

1987 年

克服资金、人才、技术等难题，大亚湾核电站主体工程在 8 月 7 日正式开工。中广核各核电基地"8·7 公众开放体验日"也是由此而来。

1988 年

广东大亚湾核电站核安全咨询委员会成立，建立了面向香港、澳门的核安全沟通平台，开创了我国核电公众沟通的先例。

1994 年

大亚湾核电站 1 号机组投入商运，实现中国大陆百万千瓦级大型商用核电站"零"的突破。广东核电合营有限公司通过股东香港中华电力在国际互联网开通生产信息公开栏目，定期向社会公众通报核电机组运行情况，坚持信息公开透明。

1996 年

（1）经国家环境保护局批准，广东核电合营有限公司成为全国第二批环境管理体系认证试点企业。

（2）建立全国环境监测网络先进监测站。

1997 年

广东核电合营有限公司被国家环境保护局授予"全国环境保护先进企业"称号。

1998 年

投入约 1000 万元进行新建和扩建污水站及污水的管道改造，确保核电站现场生活污水全部处理达标后排放。

1999 年

（1）大亚湾核电站通过 ISO 14001 环境管理体系认证，成为中国核工业系统和电力系统第一家获得该项认证的单位。

（2）被广东省、深圳市环境保护局分别授予"环境教育基地"。

2002 年

（1）广东核电合营有限公司被评为"广东省环境保护宣传教育活动先进单位"。

（2）落实中央的扶贫战略部署，承担定点帮扶广西壮族自治区百色市的乐业、凌云两县和广东省韶关市南雄市瑶坑村的任务。

2006 年

首次将团体公众参观制度化，启动"大亚湾核电基地工业旅游项目"，加强核电公众宣传工作，普及核电知识，增进公众对核电作为安全、清洁、经济能源的了解和认知。

2007 年

大亚湾核电站荣获国家环境保护总局、中国环境报社颁发的"绿色企业管理奖"。

2008 年

（1）大亚湾核电站运营公司通过环境管理体系复评审核，获得新的 ISO14001 EMS 环境管理体系认证证书并注册。

（2）积极迅速响应"5·12"汶川大地震赈灾救助，捐赠 300 万元；累计向地震灾区捐款捐物达 1100 万元，为灾区援建板房 2000 平方米，大力支持灾区的重建工作。

2011 年

（1）首次提出中广核的企业社会责任观——最根本的企业社会责任就是保障更安全、更经济、可持续的清洁电力供应，提出"善用自然的能量"品牌理念，建立"安全生产、环境友好、社会和谐、科学管理"的企业社会责任管理模型，探索完善社会责任组织体系。

（2）建立我国首个"核电站核与辐射安全信息"公开平台，做出发生非应急运行事件在两个工作日内公开的承诺。

（3）建设中低放射性固体废物处置场——北龙处置场，加强危险废弃物处置。

(4) 完成大亚湾、阳江、台山、宁德、红沿河等核电基地建设项目的环境影响评价。

2012 年

（1）建立"核电独立安全监督评估中心"，对各电厂实行独立、客观和权威的安全监督。

（2）修订完善《集团环境管理制度》，明确节能减排政策、任务和要求；发布《集团节能工作方案（2012）》，明确中广核未来节能工作的总体要求；发布《集团能源普查报告（2011）》，为集团节能减排政策提供数据基础。

（3）优化"核电工业旅游"项目，向各行各业的企事业单位和学生群体免费开放核电基地。

（4）面向周边地区中小学师生、社区居民、农村科普人员，以"开放、透明、诚信"的姿态举办公众开放日活动。

（5）将核电科普转化为轻松休闲的互动，进行沉浸式科普，组织四次"微旅游"活动，邀请微博网友参观大亚湾核电基地、红沿河核电基地、宁德核电基地。

（6）成立"爱心基金"，首期开展"爱心字典"捐赠活动，涉及全集团20余家成员公司2.5万员工，向少数民族地区进行助学活动。

（7）发布中广核首份社会责任报告，开启以报告促管理之路。

2013 年

（1）提出"发展清洁能源、造福人类社会"的企业使命，将"善用自然的能量"作为品牌理念。

（2）建立国内首个"核安全信息公开平台"，及时公开相关信息，保障公众的知情权。

（3）首次提出"安全管理体系——五大核心"的安全管理原则，稳步提升安全质量水平。

（4）发布《安全发展白皮书》，提出十大举措保障核安全发展，以响应公众对核安全的关注。

（5）将每年 8 月 7 日确定为全集团统一的"公众开放体验日"，创设"核电第一课"走进校园，让核电基地更加透明。

（6）首次进行大规模的各级员工健康状况医学统计学分析，完成《集团员工健康状况分析报告》，并为罹患疾病的员工提供会诊、医疗协助等就医支持。

（7）荣获国务院国资委授予的"业绩优秀企业"和"节能减排优秀企业"称号。

（8）编制发布《中广核社会责任指标体系管理手册》，奠定了社会责任绩效动态评价、持续提升的良好基础。

2014 年

（1）发布企业文化共识。

（2）各核电基地联动推进"核电第一课"，与当地教育部门合作，在基地周边学校开设一个学期的科学素养课，为学生普及核电常识。

（3）发布我国核电行业首份社区发展白皮书——《中国广核集团社区发展白皮书》，首次推出"3N"社区沟通模式。

（4）被评为"金蜜蜂企业社会责任·中国榜"领袖型企业。

2015 年

（1）在云南勐海帕顶梁子风电场，举办首次"绿色生态标杆风电场"公众开放体验日活动，通过实地参观、透明沟通等方式，向公众展示绿色、环保、与自然和谐共融的风电场。

(2) 建立贵州首个水土保持"双验收"风电场,提出"尽最大努力保持开发地原生态风貌"的水土保持治理思路。

(3) 建立"三原色"志愿项目,积极搭建志愿服务和公益平台。

2017 年

(1) 发布首个《中长期青少年发展规划》,推进青年创新创效。

(2) 开展"最美核电婚纱照"公众沟通主题活动,将安全、清洁、稳定的核电事业与寓意着爱与永恒的婚纱照结合起来,面向全国公众做了一次最直接、最生动的核电科普。

(3) 开启"企业文化周"活动,首次组织"中广核工匠"团队到各个板块与广大干部和各大员工即兴交流。

(4) 正式对外开放中国西部首个大型核电科普展厅——广西科技馆核电科普展厅。

(5) 积极响应深圳市"河未来,益起行"治水提质行动,成立深圳市首个"水处理专家志愿者团"。

2018 年

(1) 被国务院国有资产监督管理委员会确定为创建世界一流示范企业。

(2) 中广核新能源浙江宁海一市风电场荣获我国水土保持领域的最高级别荣誉——"国家水土保持生态文明工程"称号,是国内首个获此荣誉的风电项目。

(3) 首次发布集团不良行为供应商清单,促进供应商诚信履约,保障产品品质。

(4) 联合 10 家新媒体平台共同建立首个清洁能源新媒体联盟。

(5) 推出我国首个核电科普机器人,以强化公众科普、沟通的互动性和趣味性。

（6）被评为"金蜜蜂企业社会责任·中国榜"金蜜蜂企业。

2019 年

（1）在法国巴黎发布《2018 年全球可持续发展报告》，全面系统地阐述 2018 年中广核在经济、环境、社会可持续发展方面的行动和贡献，是中国企业首次在法国发布可持续发展报告。

（2）发起"寻找中国最科幻少年"科普品牌活动，联手新浪微博、未来事务管理局开展"中国青少年科幻作品征文大赛"。

（3）联合清华大学国家形象传播研究中心启动"中央企业打造世界一流企业品牌模型与指标"课题研究，形成中广核打造卓著品牌"七力模型"。

（4）获得 2016—2018 年期间 3 年任期"业绩优秀企业"和"节能减排突出贡献企业"。

（5）获得由人民网主办的人民企业社会责任高峰论坛"第十四届人民企业社会责任奖绿色发展奖"。

2020 年

（1）重点对口帮扶的广西凌云、乐业两县及其他帮扶地区，全部实现脱贫。

（2）第一时间紧急驰援新冠肺炎疫情防控，全力保障湖北地区风电场正常发电和能源稳定供应，全力推进复工复产，同时做好境外疫情防控，与各方风雨同行、共克时艰。

（3）深入开展"我为群众办实事"实践活动，迎接和庆祝中国共产党成立 100 周年。

（4）举办第九届"8·7 公众开放体验日"活动，以"海底种珊瑚，云游核电站"为主题，在大亚湾核电基地揭牌成立全国核电海域首个珊瑚保育区，并完成首批珊瑚断肢苗圃培育。

（5）新冠肺炎疫情期间，发挥电子束辐照灭菌技术优势，累计为4200万件防疫物资提供免费灭菌服务，有力支持国内防疫物资供给。

2021 年

（1）确立"严慎细实"的工作作风，提炼品牌核心、品牌理念、品牌精神等品牌内涵，进一步打造清晰一致的品牌文化核心价值。

（2）广东太平岭核电项目挂牌全国首个"生态核电建设示范基地"，明确"三生四层"发展思路，把节能减排理念贯穿项目全生命周期。

（3）承办联合国《生物多样性公约》第十五次缔约方大会（COP15）平行活动"商业与生物多样性论坛"分论坛，发布国内首份基于自然资本核算的生物多样性保护报告。

（4）发布《"一带一路"可持续发展报告》，展现响应"一带一路"倡议、贡献全球可持续发展目标的决心与行动。

（5）面向社会公开发布第10份年度社会责任报告，两个案例入选《粤港澳大湾区国企社会价值蓝皮书（2021）》优秀案例。

（6）红沿河核电、宁德核电、大亚湾核电、阳江核电、磨豆山新能源基地，入选中国科学技术协会《2021—2025年第一批全国科普教育基地名单》。大亚湾核电基地科普展厅、宁德核电基地科普展厅，入选国务院国资委命名的"首批100个中央企业爱国主义教育基地"。

（7）《法国风电场"云开放"积极展现中广核国际形象》案例被评为2021中国企业国际形象建设"十大优秀案例"。

（8）《中广核：善用自然的能量》《中广核透明沟通之道：向更加完备的透明3.0迈进》两项品牌责任案例，分别入库清华大学经管学院中国工商管理案例中心与北京大学光华管理学院案例研究中心，成为两所中国知名学府 MBA 学员的授课教程。

2022 年

（1）中广核核心品牌商标"中广核"，被北京市高级人民法院以司法裁判方式认定为"驰名商标"。

（2）举办第十届"8·7公众开放体验日"，以"绿色发展、双碳必达"为活动主题，由万名志愿者开启十大科普活动。

（3）成为生态环境部对外合作与交流中心发起的中国"工商业生物多样性保护联盟"首批战略成员单位。

（4）《大头儿子走进中广核核电基地》系列科普动画，获得由中国科学技术协会、中央电视台联合主办的"典赞·2021 科普中国"十大科普作品。

（5）《强化品牌顶层设计，建设世界一流清洁能源品牌》《打造跨界科普组合拳，构建 Z 世代科普品牌》入选国务院国资委"100 个国有企业品牌建设典型案例"。

（6）被评为"2022 金蜜蜂企业社会责任·中国榜"金蜜蜂企业，并获得"创新力·新自然经济探索奖"，《创新打造生物多样性量化管理新模式》案例入选《金蜜蜂 2022 责任竞争力案例集》。